刘三姐文化图志　　廖明君——主编

歌飘山水间

何珈阅——著

刘三姐故乡览胜

广西教育出版社 ·南宁·

图书在版编目（CIP）数据

歌飘山水间：刘三姐故乡览胜 / 何珈阅著 . -- 南宁：广西教育出版社，2024.2
（刘三姐文化图志 / 廖明君主编）
ISBN 978-7-5435-8736-6

Ⅰ . ①歌… Ⅱ . ①何… Ⅲ . ①宜州 – 概况 Ⅳ . ① K926.73

中国国家版本馆 CIP 数据核字 (2024) 第 001561 号

责任编辑：张星华
责任校对：何　云
封面设计：李浩丽
版式设计：杨　阳
责任技编：蒋　媛

出 版 人：石立民
出版发行：广西教育出版社
地　　址：广西南宁市鲤湾路 8 号　邮政编码：530022
电　　话：0771-5865797
本社网址：http://www.gxeph.com
电子信箱：gxeph@vip.163.com
印　　刷：广西昭泰子隆彩印有限责任公司
开　　本：889 mm × 1240 mm　1/32
印　　张：4.75
字　　数：100 千字
版　　次：2024 年 2 月第 1 版
印　　次：2024 年 2 月第 1 次印刷
书　　号：ISBN 978-7-5435-8736-6
定　　价：30.00 元

目录

前言

宜州坐落在中国西南角的一片崇山峻岭之中。这座山清水秀、历史悠久的古城，位于龙江之北的宜山山脚下，在汉元鼎六年（公元前111年）时设为定周县，距今已有2100多年的历史。宜州作为州府一级行政单位的历史也有1300多年，这足见它在中国南方的重要地位。历史上，宜州曾多次更名，至北宋宣和元年（公元1119年）改为宜山县。1993年9月，国务院批准撤销宜山县，设立宜州市。2016年，国务院批复同意撤销县级宜州市，设立河池市宜州区，河池市政府迁至宜州区。

宜州是一座山城，也是一处水乡。一座座峰峦以浩大之气势矗立在各处，它们形状各异，有的形如刀剑，有的状似羊角。数条碧水，波光潋滟，好似绿色的游龙，蜿蜒游荡在崇山峻岭之间。这般清幽秀美的风景，让无数来往的游客心醉神迷，流连忘返。在这些峰峦叠嶂背后，深藏着丰厚的文化积淀——或是在高耸的山峰之上、峭壁之间，或是在丛生的杂草背后，或是在无垠的田间地头……峰峦碧水相生相伴，宁静沉着地注视着、守护着这片土地。

宜州是一片多民族生活的土地，除了占大多数人口的壮族，还居住着汉族、瑶族、苗族、仫佬族、毛南族、黎族、水族等多个民族。每个民族都有独具特色的文化和风俗。不同民族文化间的交融，外来文化与本土文化的碰撞，造就了五彩斑斓的文化名城——宜州。

宜州的民间文化就像盛放的百花一样，多姿多彩。宜州人民有多种民间崇拜，他们喜欢把对自然的敬畏演变为神灵崇拜，如花婆崇拜、土地公崇拜……宜州还有丰富多彩的风俗文化，如怀远拜月、送亲、背新娘、歌圩等习俗。

宜州自古就是桂西北重镇，处黔桂咽喉要冲之地。特殊的地理环境和良好的交通条件为宜州文化繁盛奠定了基础。历代以来，无数迁客骚人伴着阵阵尘土，从四面八方扬鞭踏马而来。宋有大文豪黄庭坚被贬谪宜州，写下诗词绝唱流传千古；明有徐霞客云游宜州，钟情于这里的奇山异水，将宜州的山川人文记录于名著《徐霞客游记》之中……他们的笔墨成为宜州的文化瑰宝，他们高尚的品格和精神留在了宜州。文化的力量是巨大的，它就像一壶浇灌了宜州数千年的琼浆，使宜州焕发出耀眼的光芒。历史的底蕴和对文化的尊崇，使这里学风长存，人才辈出，走出了许多极具智慧与影响力的文化名人。

相传，刘三姐那充满诗性智慧和独具韵味的山歌，正是诞生在这片充满灵气的文化土壤上。

宜州是“壮族歌仙”刘三姐的故乡，也是刘三姐歌谣的发源地。有句山歌这样唱道：“如今广西成歌海，都是三姐亲口传。”歌仙刘三姐将一曲曲山歌唱到了人们的心里，也唱到了全国乃至世界各处。刘三姐成为壮族人民心目中敬爱的歌仙。如今的宜州，将刘三姐的歌声传承了下来，悠悠山歌飘荡在宜州的山水间，汇成一片欢乐的歌海。宜州人民把山歌融进了他们的生活，无处不唱山歌，无事不唱山歌：不仅婚丧嫁娶、农事活动的时候唱，闲暇时也三五成群地会集在村头、广场，你一句我一句，对唱斗嘴，乐趣十足。山歌对唱是宜州当地特有的文化娱乐活动，这片宜人的土地上，随处都有悠扬的歌声。

歌仙刘三姐留下来的不仅有万千山歌，还有坚忍执着的精神和淳朴善良的品质。宜州民间流传，刘三姐勤劳勇敢，为人十分聪慧，为维护百姓利益，通过唱山歌与地主奋勇抗争，获得了百姓们的爱戴和尊敬。因此在后人传唱的首首山歌中，除了歌颂山水和刘三姐，还赞美美丽的心灵。朴实的人们喜爱唱山歌，不仅歌颂勤劳和智慧，还唱出对美好生活的向往与憧憬。

宜州除了是山歌的发源地，还是彩调之乡。彩调从桂林一带流传到宜州，宜州的彩调艺术家借鉴各种民间曲调，丰富了彩调的表演形式，形成了独特的唱腔和动听的旋律，变成了欢快诙谐、载歌载舞的彩调剧，广受宜州民众的欢迎，逐渐成为宜州又一张独具魅力的文化名片，使得更多的人对宜州这片文化繁荣的土地充满了兴趣。

“一方水土养一方人，一方人创造一方文化。”宜州的山川与河流，养育了歌仙刘三姐，养育了世世代代的宜州人。同时，有了刘三姐歌声的回荡，有了历史文化的滋润，宜州的山川与河流，也逐渐变得深沉而灵动起来。于是，宜州就出现了有故事的山，流淌着会唱歌的水，形成了蕴藏历史的古迹，拥有了汇集文化的名胜。正如乡贤何启谞在《车过下枧河》一诗所写的那样——

清脆溪声奇峭峰，江山到此不平庸。
钟灵唤出刘三姐，掀起歌潮震亚东。

一 有故事的山

这里的山绵延不绝，这里的山苍翠欲滴，这里的山千姿百态，这里的山深沉伟大。这里是山城宜州，连绵起伏的峰峦是它的象征。宜州拥有约150万亩山地，树林茂密，云雾缭绕，蕴藏着许多人文珍宝。

宜州的每一座小山，都有引人入胜之美。比如城北的会仙山，看起来并不雄伟。但是，登山的人会发现，山中曲径通幽，崖壁上碑刻琳琅，洞穴幽深神秘，洞口云蒸霞蔚……这座山重在有内涵。

九龙山、南山、多灵山也有着丰富的内涵。数百座山峰有着类似的躯体，实际上却是不一样的灵魂。

岭南胜境会仙山

古城宜州素有“南佛北仙”之说。“南佛”指的是位于宜

从会仙山俯看宜州　韦孟新 / 摄

州城南郊的南山。而“北仙”，就是指会仙山，因其位于宜州城北，也被称作北山。相传古时有仙人乘鹤来此山上集会，古人这样描述：“常有紫云玄鹤乘空而下，如神仙之会。”白龙洞的摩崖石刻也有诗句云：“岂无老子骑牛至，尝有仙人跨鹤来。”“云气奔腾龙去远，松花摇落鹤来栖。”相传唐代陆禹臣也曾在此修炼，最后羽化成仙，后人皆称他作陆仙翁，并

慕名前来寻访他的仙踪。民间传说宋朝宜州知州张自明游历会仙山时，就曾在山顶的“百丈深井”遇见成仙的陆禹臣，还在深井的绝壁上留下了字径一米的“仙”字石刻。会仙山因此而得名，逐渐被世人所熟知。

会仙山海拔378米，绵延约3千米。此山常年树木葱茏、云雾笼罩，形如一头傲然挺立在龙江北岸的雄狮。山顶有一块呈展翅状的鸟形巨石，刻有“骑云”二字，石前平台原建有齐云阁，阁前的峭壁上刻有“极高明”三个大字，为郡人明代参将李霁所题。“会仙远眺”为“宜州八景”之首，站立在会仙山之巅，纵览全城山河湖泊、田野大地之风光，也可将宜州城内大大小小的景致尽收眼底。云雾缭绕之间，放眼望去，能体会到“会仙远眺”之妙处。清代乾隆三十三年（1768年），曾任富川县训导的宜州人韦月华见此景，为之动情，不禁吟咏出一首诗：

骑云绝顶放青峰，四面环山一望收。
玄鹤高低飞阁外，紫霞浓淡落峰头。
天门事业齐霄汉，龙水帆樯近斗牛。
目断碧空残照里，炼丹仙去不知秋。

明崇祯十一年（1638年），地理学家、旅行家徐霞客也曾在会仙山留下踪迹，在其著作《徐霞客游记》中对此山进行了精彩的描述：“绝顶中悬霄汉，江流如带横于下。郡城如棋局布其前，东界则青鸟山，西界则天门拜相山，俱自北而南，分拥左右，若张两翼。”徐霞客还对山上的白龙洞、雪花洞等37处洞穴进行了两天的考察，对会仙之景均做了详细的记载。

有一首关于会仙山的山歌这样唱道：

会仙有洞洞通天，宜阳八景美名传。

龙游此地有洞府，人游此地能会仙。

山歌中的会仙山是一个绝佳胜地，龙去了有洞府可留身，人去了能遇见神仙。

会仙山上的几个洞穴中，以白龙洞、雪花洞最为出名，尤以白龙洞景色最佳。白龙洞位于会仙山山腰之上，沿山路拾级而上，盘旋攀登，大约二十分钟便可到达。洞口分上下两处，下面的小洞口有草书“白龙洞”题额，上面的大洞口有楷书“云深”巨镌，字迹遒劲有力，为明代永乐年间庆远卫指挥使彭举手书。洞内外亦有其题壁石刻数处。白龙洞深近百米，道路曲折幽深。手扶洞壁，迈进洞中，里边别有一番景象，石钟乳、石笋、石花、石柱、石幔等千姿百态，玲珑剔透。徐霞客对此夸赞道：“有石柱中悬，长撑洞顶，极为伟丽。”在这些天然景观中，有一块乳白色的石头尤其特别，走近仔细一看，是一只栩栩如生的小石龙！传说古时白龙洞内曾隐居着一名和尚，一日修炼时，竟看见一条白龙从洞内腾飞而出，冲入青空。白龙洞便由此得名，沿用至今。

白龙洞内外，是琳琅满目的摩崖石刻。它们一块块排列在苍崖峭壁上，营造了古洞浓郁的人文气息。它们深深地印刻在雄峻的山上，就仿佛这些历史和记忆深深地扎根在这片土地上一样。这些石刻保存完好，没有遭到破坏。洞中的摩崖上有一块五百罗汉名号碑，写着“供养释迦如来住世十八尊者五百大阿罗汉圣号”，上边记载着十八尊者及五百罗汉的名号。五百罗汉是释迦牟尼生前的无名弟子，传入中国后才给他们取的姓名。碑高200厘米，宽110厘米，中间刻有一幅佛教故事图，描绘的是释迦牟尼佛讲经说法的情景。据考证，此碑刻于北宋元符元年（1098年），是中国迄今为止发现的年代最早的五百罗汉名号碑刻。白龙洞口的石壁上有一块碑刻，上有一组佛教故事图画，也有文字记载于其上，讲述着善慧大士的故事，这就是《婺州双林寺善慧大士化迹应现图》。北宋绍圣四年（1097年），宜州保民禅寺住持洪耀将其原版刊刻在白龙洞口的崖壁上。

白龙洞东侧的崖壁上，还有一块“太平天国翼王石达开及其将领唱和诗碑”，字里行间映射出那一段风云激荡的历史。1859年，不满洪秀全猜忌而被迫出走的翼王石达开退回广西，后攻占兵力薄弱的庆远府，并驻兵在此。在那动荡不安的时期，石达开与部将们登上城北的会仙山，看到了前人楚南刘云青留在石壁上的诗句：

异境从天辟，登临眼界空。
万家遥带雨，一水怒号风。
古佛形容怪，奇人气象雄。

石达开及其部将唱和诗碑刻　罗爱群 / 摄

回看腰上剑，飞去作长虹。

宜州的山水在刘云青笔下呈现雄浑壮阔之势，石达开及将士们见此诗豪迈奔放，颇为欣赏，便以刘诗为韵，相继作和。石达开率先诗云：

挺身登峻岭，举目照遥空。
毁佛崇天帝，移民复古风。
临军称将勇，玩洞羡诗雄。
剑气冲星斗，文光射日虹。

石达开不仅是一位军事家、政治家，同时还是一名杰出的诗人。在太平天国的名人将士之中，如石达开一样文武双全的将领是少有的。石达开的众部将也多是能文能武之人，他们挥笔写下一首首激情澎湃的诗歌，壮志豪情和英雄气概腾飞于其间。将士们烈火般的雄心，在如今看来也是让人热血沸腾的。

来到白龙洞后洞口，有“白龙洞”三个大字刻于石壁之上，此为宋代宜州知州张自明所书，并见一诗刻于其上：

白龙洞口白龙台，一俯南天眼豁开。
苍壁漫题三数字，后人还笑我曾来。

据不完全统计，会仙山上留存的碑刻至少有百幅以上，这在广西的群山之中是难得一见的。这些碑刻，有的是书法珍品，有的是诗词精粹，都是后人了解、研究宜州古代社会政治、经济、文化的重要参考资料。

会仙山上还有东、中、西观，以及高昌阁、雪花洞、花婆岩等景观。可惜初建的建筑物早已荡然无存。雪花洞是山中较为奇特的一处。徐霞客就曾穿过雪花洞，站在巨石之上俯瞰北山之境，并有感写下："余晚停杖雪花洞，有书生鲍姓者，引至横突石上，俯瞰旁瞩，心目俱动。忽幽风度隙，兰气袭人，奚啻两翅欲飞，更觉通体换骨矣。"雪花洞位于会仙山西侧山腰，洞中长年有水滴沥。因其洞壁形成了天然洁白晶莹的钟乳石，如同厚厚的冰雪而得名。神奇的是，洞中气温较低，就像一个天然的冰室，夏日进去十分凉爽惬意。走进洞内，还能看见一汪冰泉，清澈如镜，寒冷刺骨。

会仙山上汇聚了众多人文珍宝和自然景观，是岭南一座底蕴深厚的文化名山。不少摩崖石刻、古人踪迹还隐藏在苍苔密林、蔓草荒烟之间，其文化魅力远没有得到充分展示，依然等待着前来探访的人们去探索和发现。

南山古云深

前文在讲述会仙山时就曾提到过“南佛北仙”。“南佛”，指的就是宜州城南郊的南山。

南山上旧时有座南山寺，又称作广化寺。清代庆远知府李文琰所总结的“宜州八景”之一的“广化高瞻”中的“广化”就是指广化寺。广化寺曾是宜州重要的佛教圣地，远近闻名，因而南山被称为“南佛”。广化寺始建于唐代，殿宇雄伟，佛像有数十尊，在南宋嘉定时期张自明任宜州知州时达到鼎盛。广化寺内古树参天，静谧幽僻，旁建有春意庵、三贤祠，

南山风景　韦孟新 / 摄

侧有御书阁，阁中原收藏有宋真宗赵恒所赐的16幅书法手迹。遗憾的是上述建筑都已被毁，御书阁中皇帝手迹也渺无踪影。清代乾隆年间庆远知府商盘有一首咏御书阁的诗：

不见御书函，兼失御书阁。

寂寂古云深，时闻松子落。

南山之上古木葱茏，幽静阴凉，还有涓涓泉水从三面流出。有首诗这样写道：

游山有约到南山，几树浓阴水一湾。

古寺门前烹石乳，不参禅处也心闲。

像南山如此宁静僻远之地，正适合佛家修行，乃极佳的佛教圣地。

如同会仙山一样，南山的人文景观也十分丰富，保留有多个朝代的历史遗存，摩崖石刻数量众多，就像一本厚重而古老的史书。南山历史文化底蕴深厚，和会仙山一并堪称宜州历史教科书。在南山

南山“寿”字碑　罗爱群/摄

北面山麓的摩崖石刻上，有一块巨大的“寿”字碑，刻于清道光二十三年（1843 年），为庆远知府哈忠阿所书。此碑极大，有 4.1 米高，2.4 米宽，堪称广西“寿”碑之最。在南山刻此“寿”字有着特殊的意义，寓意“寿比南山”，正所谓“寿比南山松不老，福如东海水长流”。传说到达此处者便能成为寿仙。在“寿”字碑刻之下，流淌着涓涓泉水，这就是有名的寿泉。泉水清澈，雾气缭绕，四季不枯不涝，多年以来潺湲在茂密的树林之中，灵气依旧。这眼寿泉使得人们更加相信南山有着特殊的灵气。

南山一处摩崖石刻上，刻着唐代吕岩的诗：

草铺横野六七里，笛弄晚风三四声。
归来饱饭黄昏后，不脱蓑衣卧月明。

此诗的书写者是北宋广西安抚使余靖。他于1053年巡视宜州南山时在石壁上泼墨挥毫，写下这首著名的诗。这是宜州现存的年代最久远的摩崖石刻。吕岩，即吕洞宾，传说中的八仙之一。吕岩的这首诗曾被选入《千家诗》，广为流传。

另一处的碑刻上，一首七律隽秀洒脱：

南山山北北山南，一洞中分路口三。
孤鹤叫云声自远，懒龙悭雨睡方酣。
襄公淡墨留苍壁，太史高风拂翠岚。
百尺岩前清绝地，道人先我著茅庵。

这是南宋宜州知州张自明在南山龙隐洞所题，镌刻于南宋宁宗嘉定七年（1214年）。诗中所提到的“襄公”，指的就是余靖。余靖当年在石壁上写下几行诗，还来不及雇工匠将其刊刻，便匆匆追随狄青朝着昆仑关的方向快马加鞭而去。时光穿梭到百年之后的南宋，张自明登上南山，领略到南山秀丽的自然风光，又来到此处，看到余靖在石壁上留下的淡淡墨迹，便有感而发，随即作诗一首，抒发此刻心情。诗中的另一人“太史”，就是被流放到宜州的黄庭坚（号山谷道人）。北宋崇宁三年（1104年），黄庭坚被朝廷除名羁管宜州，人到暮年，被置荒地，内心虽然悲凉哀伤，但他并没有消极以待，在宜州士民的关切和呵护下重新振作起来，在宜州启迪学子，大兴文化，与众文士在南楼饮酒作诗。因为黄庭坚的文化影响力，宜州这座寂寞的岭表孤城一下子受到海内关注。文化名人可以让一座城市发出耀眼的光芒，这是真实不虚的。

前文提到的龙隐洞，也称双门洞，就位于南山山麓之上。民国七年（1918年）出版的《宜山县志》中对龙隐洞有详细记载。洞中有一条宽大而蜿蜒的石槽贯穿洞顶，传说是老龙隐于此地留下来的痕迹，故得名“龙隐”。黄庭坚曾游历至此，在其《乙酉家乘》记道：“蛇行一里许，秉烛上下，处处钟乳蟠结，皆成物象，时有润壑，行步差危耳。”徐霞客于明崇祯十一年（1638年）考察龙隐洞，为探此处奇特，特抱被宿于洞中，并在其游记中描写了龙隐洞之奇特幽深。龙隐洞虽崎岖险要，但其瑰丽壮观的一番洞天也吸引着古往今来的人们

位于南山的龙隐洞　韦孟新 / 摄

到此探访游历，实为南山的一大独特的景观。

宜州有一首流传极广的五言律诗——《南山寺》，但宜州志书上并无记载。全诗如下：

自此风尘远，山高月夜寒。
东泉澄澈底，西塔顶连天。
佛座灯常灿，禅房香半燃。
老僧三五众，古柏几千年。

有意思的是，这首诗被刻在甘肃天水市慧音山上的古刹南郭寺卧佛殿院中的舍利塔顶的小石碣上，相传为李白所作，但不为任何诗集所载。奇怪的是，这一首诗歌竟然会在千里之外广西宜州的民间广为流传，不禁让人感到疑惑。一座古寺、三五老僧、千年松柏，诗中描写的景象似乎与宜州的南山寺相差无几。大约是这首诗的题目名曰《南山寺》，其意境也与宜州南山寺颇为切合，所以宜州人才会广为传诵。从另一方面，我们也可以想象到旧时南山寺的盛况，以及它在宜州人民心目中的非凡地位。两座隔着万水千山的寺庙，因为一首诗，有了某种联系。我们不敢相信这两个地方会如此之相似，也难以考究这首来自天水的诗为何会在宜州流传。也许这是有人将此诗由天水传入宜州，也许这是文字跨越时空的神秘力量，这一切还有待更多的人去探究……

九龙山仙迹

九龙山位于宜州城南，由九峰相连而成，蜿蜒连绵，像极了一条盘踞的青龙。

九龙山的山腰上有一个九龙洞，洞门口有北宋元祐五年（1090 年）刻下的“万云谷”三字，是宜州现存的年代较久远的摩崖石刻。九龙洞外右侧有一汪潭水，约 10 米宽，潭水深不见底，名叫九龙潭。潭上横一石，将潭水一分为二，东水清，西水浊，甚是神奇。潭后的石壁上镌刻“九龙洞”三个大字，石壁高约 10 米，已绽出裂缝。顺着旁边的阶梯拾级而上，就能进到九龙洞里了。九龙洞中展现了喀斯特岩溶洞穴特有的风貌，洞内有众多白色石屏、钟乳石，下方流水中有弯弯曲曲的流石坝，好似有九条龙在戏水。在宜州的传说中，这便是日伏夜行的九条蛟龙，它们乃东海龙王敖广的玄孙,夜晚自洞中入潭嬉戏,可从潭中到达东海。走进洞内深处，在黑暗中隐约能看到一条流动的暗河，河水冰凉刺骨，更显洞内幽深神秘。

在九龙山上有众多奇峰怪石，最为特别的要数主峰山腰之上的丹霞岩。岩高20米，宽6米，有后洞和顶洞两处可出。

在丹霞岩的入口处有椭圆形的钟乳石，宛如青龙含珠。明代庆远知府岳和声到此凭吊宋代宜州知州张自明，留下“丹霞遗蜕”四字于岩侧壁间。“丹霞”是张自明的号，“遗蜕”则指道家羽化成仙后的遗迹。傍晚时分，云雾消散，余晖缓缓映照在丹霞岩之上，就出现了“宜州八景”中有名的“丹霞夕照”。许多历史人物都对丹霞岩有过描述。清乾隆十九年(1754年)到任的庆远知府李文琰在《九龙山记》中描述道:“九龙山离城西南六里，九峰联络蜿蜒如龙，因名。山长约三里许，颇多洞岩，最奇者曰‘丹霞取水’。”徐霞客驻足丹霞岩时记载道:“倚杖北眺，当与羲皇不远。”清嘉庆二十年(1815年)，庆远府教授、广西临桂人唐仁游览九龙山，面对此美景吟诗一首:

九龙山麓访丹丘，对面斜阳豁远眸。
落日影翻龙隐洞，近江波照鹤归楼。
穿林霞绮浑如散，绕郭烟痕淡不收。
恰好黄昏新月上，潭心晃漾一金钩。

丹霞岩入口的“丹霞遗蜕”石刻　罗爱群/摄

九龙山“万云谷”摩崖石刻　韦孟新 / 摄

张自明也曾作诗颂九龙山，曰：

轻阴漠漠晓春天，草路铺茵柳似毡。
闲访龙君话行色，云平深洞水平天。

后其又题丹霞岩诗：

玉玲珑外玉崔嵬，曾与三贤识面来。
自有此山才有此，游人于此合裴回。

张自明游九龙山、丹霞岩，流连忘返，对山之秀美、洞之奇特皆赞不绝口。张自明与九龙山还有着一段传奇故事。相传张自明至宜州次年，时逢大旱，土地龟裂，河水枯竭。宜州官民想尽了各种祈雨的办法，如抬三界老爷的泥塑游街、杀三牲投之于潭中等，皆无济于事。后来走投无路的百姓只能会聚在州官衙门，求助于张大人。张自明为了宜州百姓，携众官在九龙洞门前虔诚供奉、跪拜，宜州百姓也自发跟在后面跪拜、烧香、祈祷。到了夜里，忽然狂风大作，大雨倾盆而下。城里百姓皆欢呼雀跃，高兴呐喊。后人认为，这正是张自明和宜州百姓用他们的诚挚感动了老天爷。

旧时九龙山上有座庙，南宋嘉定九年（1216年），因张自明求雨获应而受赐“灵潜”匾额一块。明初该匾额被封为九龙之神。如今庙宇已废，只余九龙洞前的巨石上的九龙神碑，供百姓在此祭祀。民间传说，张自明去世后，人们抬着他的棺材路过丹霞岩时，忽然狂风骤雨、电闪雷鸣，人们只好放下棺材，回城躲雨。第二天再来时，发现棺材已被这丹霞岩吞入，只剩一截红漆棺材可见。人们认为这是张自明所选择的归处，是千年一遇的吉兆。深爱着宜州的张自明最终还是与宜州融为一体，选择留在九龙山上守护着宜州的山水和百姓。

在近代历史中，九龙山也有许多精彩的故事。20世纪40年代时，黔桂铁路工程局曾设于九龙洞，今部分建筑物仍尚存。抗日战争时期，著名漫画家丰子恺先生曾与浙大师生一同在九龙洞中躲过日军的空袭。后来，丰子恺先生的漫画及《宜山遇炸记》一文都曾讲述到这件事。日军入侵时，八路军还曾以此洞为司令部。

如今，九龙山附近散布着许多村落，放眼望去，远处高楼林立。这些高楼大厦与九龙山几乎一般高，它们坚守在各自的位置，遥遥相望。这是人类与自然的融合，也是现代发展与历史文化的交汇。

有一座小山叫宜山

与宜州高耸连绵的众山不同，宜山是一座平缓又矮小的山。因其海拔较低，宜于攀爬，得名“宜山”。

宜山坐落在宜州城北，西侧是南蛇山（旧名难涉山），山前流淌着龙江。山上有座寺庙，名唤紫云寺。紫云寺原名宜山庙，即宜山雷神庙，原是道教的庙宇。古人在此庙中祭祀雷神，盼望着年年都能够风调雨顺。宜山南麓的崖壁上有一块碑，即《宜山庙告示碑》。此碑刻于清咸丰六年（1856年），碑中明言：“凡宜山之傍与宜山发脉之难涉山等处，均禁凿

紫云寺

石。”由此看出，前人对山石极为崇敬，他们以山为神，尊重山林。这块碑刻还透露出一个信息：宜山是一座重要的山，它的周围环境及发脉之处都应该受到保护。

据史料记载，宜山庙始建于清康熙五年（1666年），于清咸丰七年（1857年）太平天国时期被毁，后于同治十年（1871年）修复重建，在1968年“破四旧”时又遭到破坏，拥有三百多年历史的宗教古迹自此消失。直到1995年，人们在原址重新修建成如今规模宏大的佛教寺院——紫云寺。

在中国，道教是本土宗教，佛教是由印度传入的外来教，道教与佛教在民间都具有重要的影响力，并不断地相互借鉴、融合。因此，国内许多庙宇都是道教与佛教相结合，既供奉道教人物神像，又供奉诸佛菩萨。宜山庙向紫云寺的转变，就是道教与佛教相结合的一个过程。

龙江北岸，宜山山下，是龙水县县衙的旧址。在紫云寺门前的玉兰花树下，立有一块瘦长的碑，上面记载着龙水县的沿革变迁。唐朝贞观四年（630年）龙刚县改名为龙水县，属粤州龙水郡，建城于宜山山麓。一直到北宋宣和元年（1119年）在宜州置庆远军，龙水县才换名字，以山名为县名，更名为宜山县，先后隶宜州、庆远府。1993年，国务院批准撤销宜山县，设立宜州市（县级市），属河池地区。2016年，宜州市改为河池市宜州区。

宜山，是宜州的曾用名。历史上的定周县、龙水县都是在宜山这座山前建立，靠着此山落地生根的，因此便将县名取作宜山。宜山作为一座山是很小的，但是作为一个地名，作为一个符号，它又是高大的，内涵丰富的。在广西近代史上，宜山这个地名甚至是鼎鼎有名的。改革开放以来，虽然宜州不断改变行政名称，但如今仍有许多老一辈的宜州人还一直叫着宜山这个名字。在他们的口中，宜山是亲切又难忘的一声呼唤。

宜州文人陈用康曾两次参加《宜山县志》的编纂工作，民国年间，他常与友人吟诗作对，有诗《步宜山庙题壁原韵》作于宜山庙：

宜山奇景亦奇观，登览无垠眼界宽。
胜迹久传名最古，群峰后蔽夏犹寒。
联吟题壁今同感，载酒偕游为共欢。
借问烽烟何日息，山林应属我盘桓。

现在，在宜山前面的是刘三姐音乐喷泉广场。该广场于1999年建成，是集观光、娱乐、歌圩、民族文化活动于一体的旅游景点。宜州人民为了纪念闻名天下的壮族歌仙刘三姐，在象征着宜州的宜山前面建了这座广场。在广场上，处处可看到与刘三姐相关的元素。

广场占地约2万平方米，中心处有音乐喷泉，喷水池按中国地图的形状修建。入夜，水池下的彩灯闪烁着五颜六色的光芒，映照在喷射出来的水柱和水雾上。喷泉随着音乐的

刘三姐音乐喷泉广场夜景　罗爱群 / 摄

节奏此起彼伏，上下波动，光影绚烂，动感十足。

在喷泉西北一端，竖立着巨大的刘三姐塑像。塑像高13米，全身由汉白玉制成。刘三姐双脚微微交叉站立，右手在前，左手在后，做出要对山歌的姿势。她嘴巴微张，面目柔和，眉眼间都是笑意，身姿婀娜，如同出水芙蓉一般。宜州人将刘三姐最动人的形象定格在塑像里。在他们心目中，刘三姐就是这样一个集美貌、勇气与智慧于一身的形象，她用动听的歌声匡扶正义，用歌声唱出了百姓们的心声，多年来一直受到人们的爱戴。

喷泉的后面、广场的中心还有一个圆形舞台。舞台下方的红色花岗岩上，刻着许多宜州山歌。

唱起山歌好种田，不费米粮不费钱，

一不偷来二不抢，唱歌道理大过天。

手拿簸箕去借米，借米不得唱歌回。

蛇死三天尾还动，虎死三年不倒威。

连夜想哥连夜来，我同老虎走平排，

我同老虎平排走，脚踩南蛇当草鞋。

精简的文字朴实无华，幽默的比喻诙谐有趣，宜州山歌不仅让人听了发自肺腑地咧开嘴笑，还能让人们对壮族人民真实的生活有进一步的了解。不过，宜州山歌只有用宜州腔调的桂柳话唱出来，才有它原本的韵味和风趣，这就是方言的魅力。

广场后方有一排用黑色大理石雕刻而成的壁画，绘声绘色地讲述了刘三姐的故事：刘三姐和乡亲们一起劳作，唱山歌智斗地主，最后成仙，骑着鲤鱼奔腾在江河之中。正如山歌唱道的那样：

三姐唱歌滩过滩，唱到柳州小龙潭。

鲤鱼岩尾登仙去，鱼峰山上起庙坛。

长廊壁画将传说生动地展现在大众的面前，让人们对刘三姐的故事有更加直观的认识和了解。壁画是由宜州艺术家梁允常绘制的，具有较高的艺术和鉴赏价值。

宜山虽小，名气不大，却拥有悠久的历史、独特的文化印记，是宜州的“镇城之山”，与那些高耸入云的名山相比，反而因小巧玲珑而独具魅力，犹如一颗精致的宝珠。

大八仙山风烟

“前面就是大八仙山了。”车停在北山镇大八仙屯的巷子前，我们一行人下了车，抬头望向不远处这座高耸苍翠的山峰。

只见山上有座凉亭，隐隐约约还能看到空旷的石壁上刻有字。步行向山靠近，一路上两旁都是大片的农田，山上的字随着我们的靠近也逐渐变得清晰。从山底向上爬，每一级

大八仙山风景　韦孟新 / 摄

石阶都长满了厚厚的青苔，应该是好久没有人来寻访这座山了。小心翼翼地拾级而上，快登到山顶时，有人发现有一级石阶上刻着字，字迹有些模糊不清，显然是一块残碑。于是我们在碑上淋水，使字显现得更清晰。仔细阅看，原来是明代官军镇压农民军的纪功诗碑。我们抬头向崖壁上一看，发现“靖远峰”三个大字之下的崖壁凹了一块，原来是上面的石刻脱落了，正好落在了地上，变成了供人们攀登的一级台阶。

大八仙山上有八处大小不一的摩崖石刻，每一处石刻都是当时经济、政治、军事及文化的见证。明代正统六年（1441年），豪绅黄祖记与思恩土知府岑瑛勾结，打算将述昆乡一带割给思恩府。宜山知县朱斌备想巴结讨好位高权重的岑瑛，也同意了割地一事。岑瑛接管述昆乡后，实行残酷的统治，令百姓苦不堪言。于是，在农民韦万秀的带领下，述昆乡的百姓发起起义。起义一时间声势浩荡，风起云涌，人民激烈的抗争以山呼海啸之势袭来。面对来势汹汹的农民军，朝廷旋即派出安远侯柳溥率部将胡智前往宜山镇压。此次农民起义长达半个世纪。大八仙山上的摩崖石刻就是朝廷官军在镇压农民起义胜利后刊刻的。“靖远峰”三个红色楷体大字为将领胡智所题，其余的石刻为众将领的纪游诗或纪功诗，纪念战功，以留名千古。明弘治四年（1491年），广西都御史邓廷瓒奏请朝廷批准设置土司，“别置长官司以治之”。于是在第二年，宜山县分置“永定正长官司、永顺正长官司及永顺副长官司”。设立3个土司后，长达50年的农民起义终于结束了。

身处山腰，极目远眺，可将大八仙屯和田野乡村质朴的自然风光尽收眼底。袅袅炊烟间房屋错落，空气中弥漫着植物和土壤混合在一起的气味。闭上双眼，可以尽情享受自然的宁静和淳朴。谁能料到，如此寂静安宁的土地，却曾有过一段兵戎相见、金戈铁马的漫长岁月。

大八仙山东南石壁之上，刻有一首佚名诗：

靖远山上有丹峰，神居丹峰第一重。

占凶占吉求卦应，行云行雨岂无功。

大八仙山东南石壁佚名诗石刻

罗爱群 / 摄

千年香火留遗迹，百越良民用敬崇。

我今题诗拜祠下，八仙清气满空中。

诗中写道“八仙清气满空中”，因为在大家心中，大八仙山是一座有仙气的山。传说此山上有八位神仙居住，人们来到这里占卜求雨，皆有求必应。因此，千百年以来人们十分敬重这座山，将它视为神灵来烧香供奉。默念此诗，置身此山中的我也好像身处仙境，不由得肃然起敬。

岑瑛刻彭举书“云深”

抬头看到另一处石壁上，刻着楷体的“云深”二字，字迹硕大如斗，圆润清雅。此处的“云深”与会仙山白龙洞洞口明初庆远卫指挥使彭举所题的“云深”二字，在规格、字迹方面毫无二致，从边款可推断，大八仙山的石刻是从会仙山石壁上临摹刻上去的，时间大约比会仙山石刻晚十年。此石刻为岑瑛所制作，他为何要临摹“云深”二字呢？原来彭举是朱元璋手下的一名大将，征战多年，杀敌无数。岑瑛此举，大概是想要借彭举之势来涨自己的士气，助自己的威风。

这些亦华丽亦朴实的辞藻，这些镌刻了岁月和历史的丰碑，现在已经沉默了，但若仔细聆听，似乎还能听到从那个时代传来的马鸣声和刀剑声。时间过得越久，从碑刻中传出的远古的声响就越苍凉，给人的触动也就越深。

多灵景最幽

宜州城以南有座多灵山，因其海拔较高，常年云雾缭绕，雾霭迷茫，又被当地的百姓称作“仙山”。在民间，人们常把佛教圣地称作灵山。然灵山常有，多灵山不常有。此山既名多灵山，必然不同寻常。

多灵山坐落于峰峦叠嶂的拉利乡，距宜州城区50千米。多灵山耸立于土岭之上，由三座山峰组成，东西绵延约5千米，南北跨约5千米，是龙江谷地以南多灵山脉的主峰。远看多灵山，高山上有三个尖峰，既形似笔架，又像一个标准的“山”字。

形似笔架的多灵山　龙江／摄

清代诗人邓绍禹有一首《登多灵山》，写到了这座幽深静谧、吞云吐雾的仙山：

何处寻仙迹，多灵景最幽。
云吞山半雾，泉吐水层流。
共踏菩提树，同登般若舟。
棋盘今尚在，烟霭自悠悠。

如诗句“泉吐水层流”所言，多灵山上确有多处潺潺泉水。据《宜山县志》记载：“山上有泉多处，常年不涸。”多灵山不仅山下有泉，半山上也有。泉水四季冰凉，含丰富的矿物质，被人们称作“仙水”。传说山上有九十九眼泉水。20世纪50年代初，著名壮族作家肖甘牛就慕名而来，四处收集民间传说，为此写了《九十九滴奶汁》一文，发表在《民间文学》，后又被收录入《金芦笙》一书中。多灵山因此被众人所熟知。

多灵山除了“仙”，还“奇”。山上流传着许多神奇的传说，拥有金鸡吐米、飞来石、石板棋盘等不少奇观……这些神奇的故事和景观不仅在百姓中流传，还被文艺工作者写成了一篇篇动人的民间故事，收录在《广西宜山县民间故事集》中。故事集一经出版，许多读者慕名前来参观。

多灵山顶之上，茂密的树木围绕着一块巨石，有纵横交错的线条凸显于其上，好似棋盘，这块巨石便被人们称作“仙人棋盘”。传说在每年万物生长的春天，都会有一对鹤发童颜的仙翁在此对弈。一天，正当他们对弈之时，一个名叫韦尔林的小伙子满面愁容地来到了两位仙翁身边，声言有要事相求。一位仙翁轻声回复：“明天再来吧。”说罢便继续下棋，韦尔林见状只好下山。到了第二天，韦尔林又来到了仙翁面前，苦恼地说道：“我的背部生了个疮，无钱医治，只能等死了。若我孤身一人，死了也无所谓，但我还有两位残疾的父母需要赡养。只怕我这一走，无人赡养二老，二老也会丢掉性命。可怜我那苦了一辈子的爹娘啊！请求二位仙翁救我一命吧！”小伙子越说越动情，泣声连连，眼泪汪汪。一位仙翁听罢，看了看他的病情，说：“你是个诚实又孝顺的好孩子，这点小病不要紧。”接着仙翁又问：“你今年多大了?”韦尔林回答正好十八岁。仙翁又说：“既然你十八岁了，那我就把十八改成八十，你便可活到八十岁怎么样?”小伙子连忙答道：“好！太好了！”于是另一位仙翁就从附近捡来一些草药，交代小伙子拿去熬出药水来擦洗患处。韦尔林下了山便按照仙翁的吩咐去做，不到两天，他背上的疮竟神奇地痊愈了。从此那两位仙翁便在人们口中流传至今，多灵山顶上的仙人棋盘因此得名，整座多灵山也因此蒙上了神秘的色彩。

多灵山上有一座云深寺，位于北坡的平缓之处，沿石阶而上即可到达。云深寺原名真武堂，又名多灵寺，为五代十国时期南汉（917~971 年）时修建，有着一千多年的历史。寺庙规模宏大，庄严雄伟，是旧时庆远府一带较为出名的佛寺，香火鼎盛。内有佛殿、佛堂等建筑二十余间，“画栋雕梁，龙脊碧瓦”，庙中还供奉有多座佛像，庄严神圣。寺中三宝殿内有一副楹联：“超苦海渡迷津仗佛法宏开觉路，种福田培心地劝世人广积阴功。”此联既是寺庙弘扬佛法、普度众生的一种指引，也是对人们追求理想生活、找寻目标的一种指引，意味深长。寺庙门口有一副对联描写多灵山：“山环水绕多灵地，寺静云深极乐天。”

多灵山上四季如春，泉水清冽，松竹苍翠，云雾缭绕，犹如仙境。传言一位皇帝游历时曾登上此山，准备下山时忽然大雾弥漫，只见寺庙隐于云雾深处，皇帝有感而发，随即提笔写下“云深”二字，自此多灵寺便改为云深寺。有了皇帝的赐名，云深寺愈加光彩生辉，后经过多次修葺，寺庙的

云深寺　龙江 / 摄

规模也越来越宏大。

如此恢宏雄伟的千年古刹，在时代变迁中仍避不开被拆毁的命运。一座座佛像应声倒下，砖瓦满地，鸟飞兽散，仅剩数块古碑被弃置于残垣断壁之间，多灵山因此陷入沉寂，一时间暗淡无光。直至1993年释迦诞辰之日，乡人才在云深寺旧址上举行奠基仪式，开始重新修建寺庙。大雄宝殿、天王殿等庙宇相继落成。1997年，云深寺重新开展佛教活动，以宏伟崭新的面貌重立于多灵山之上。

“问奇于名山大川”的明代地理学家徐霞客曾到访多灵山，前后四天上山进行实地考察，在其《徐霞客游记》中记载：“始见多灵三峰如笔架，高悬西南二十里外。”这位伟大的旅行家登上多灵之巅，极目远眺，纵览群峰，“其顶孤悬特耸于众石山之上，南北逾一丈，东西及五丈，惟南面可跻，而东西北三面皆嵌空悬崖，不受趾焉……惟遥望四面，丛山千重万簇，其脉似从西南来者。遥山外列，极北一抹乃五开、黎平（贵州省东南部）之脊；极南丛亘，为思恩九司之岭……”多灵山海拔约800米，巍峨耸立于宜州群山之中，是宜州境内第二高的山峰。登上此峰，便有“会当凌绝顶，一览众山小”之感。徐霞客对此总结道：“多灵山最高耸。其上四时皆春，瑶花仙果，不绝于树。登其巅，四望无与障者。”

大风光山大隐于市

与其他远在偏僻之地的大山不同，大风光山位于宜州德胜街后，就像大隐于市的学者，虽然身处闹市之中，但散发着古老且独特的韵味。

我们走在热闹的德胜街上，前面领路的朋友突然拐进一个不起眼的门里，跟着走进去，才发现原来这是大风光山的

位于闹市的大风光山　韦孟新 / 摄

入口。街道与山仅数十米的距离，房子若是再起高些好像就会与山相撞，惊讶之余还感到有些神奇，人与自然的关系竟能如此亲近。

大风光山俗名袁家山，又称观音山。大风光山不高却极为陡峭，以其自然风光和历史文化远近闻名。宜州志书上记载的河阳古八景之一的“东岭琳宫”，指的就是大风光山。顺着石梯逐级而上，至山腰处，便闻到一股浓浓的酒味，四处顾盼，不知香味从何而来。忽然，眼前出现一家废弃的酒吧。进了酒吧再往里走，没想到此处竟藏有一个山洞。洞口有铁门，用铁链锁着，门上积了一层厚厚的灰尘，挂着蜘蛛网，看样子已经很久没有打开过了。洞里又黑又深，洞口处摆放着数不清的大酒缸，酒味原来是从这儿散发出来的。德胜是中国红兰酒之乡，1959年德胜红兰酒厂将此洞开辟为酒窖，窖中陈放的都是有些年月的醇香美酒。站在洞口，能感受到从洞里吹来阵阵伴着酒味的山风。炎炎夏日下，凉风习习中弥漫着诱人的酒香，令人感到格外惬意。

明代地理学家徐霞客考察至此时曾进入洞中：“遂由屏柱东隙，又北进数丈，则洞遂高拓，中有擎天柱、犀牛望月、莺嘴、石船诸名状。”正如徐霞客所见所言的那般，洞中有甚多奇形怪状的石头，“中有怪石形似人物，其水陆二龙尤肖”，《宜山县志》也这般记载道。宋仁宗皇祐年间（1049~1053）的将领黄忱南征平乱时就曾在此洞中驻军数年，于是人们也将大风光山主岩称作黄公岩。洞口旁边的崖壁上还有宋代张居所题的“黄公岩诗”石刻：

何代蛟龙遗窟宅，将军曾此说征尘。
英雄茂烈光前古，烜赫威声仰后人。
风定夜猿哀哭月，云闲幽鸟苦啼春。
恩门幸赏知多少，谁到岩边略问因。

旁边还有北宋通判军州事王俣的“题张广居洗剑亭”及清末大儒郑献甫“登山阁诗”等多块古碑刻。抬首看向上方的石崖，上方镌刻着篆体“山谷”二字。多块碑刻足以说明此山拥有深厚的历史底蕴，吸引了众多文人墨客在此吟咏流连。

越往上的山路就越陡峭，山上的每一级台阶都铺满了厚厚的落叶，走上去像踩在地毯上一样软，路边的杂草也在肆意生长，这座小山似乎已经许久无人问津了。一直向上走，没多久就到达了山顶，山顶有座被绿树和杂草簇拥起来的玉皇阁，堂内还有玉皇大帝的塑像。阁内的塑像和香炉早已蒙上了一层厚厚的灰。听人们说，原先山顶还有几座亭子。我们四处寻觅，除了玉皇阁门前的这一片土地尚有空地落脚，其他地方早已被荒芜的杂草盖住。

二　会唱歌的水

你或许不知道，宜州的水会唱歌。它们不仅能发出清脆叮当的流水声，还能发出悠扬动听的歌声。宜州是一片歌声汇聚成的水乡，每条川流都有着它们独特的歌声与魅力，沿着两岸的青山绿树，日复一日地奔腾在这片四季常青的土地之上。龙江是魂，是绕着宜州城晨暮相伴的灵魂；下枧河是韵，是歌海之乡风光和风情的余韵；古龙河是趣，是青山绿水、神话传说带来的情趣……荡漾在宜州的碧波上，凝望两岸的青山翠竹，细嗅每一缕清新的空气，你定会感叹：人间仙境原来如此！

龙江绕城浪花开

如果你踏上宜州这片土地，首先吸引你目光的必然是绕城而流的龙江。

龙江，也称龙江河，是珠江水系西江支流柳江的最大支

绕城而流的龙江　韦孟新 / 摄

流，发源于贵州省三都县月亮山的西南侧。它从贵州省三都县流经广西柳城县凤山镇，最终汇入柳江，连接着中国西南部两个群山环绕、风景秀丽的省（区）。它就是一条在崇山峻岭之中蜿蜒南下的巨龙，千百年来，用它的灵动和奔腾，用它的执着和热情，浇灌着中国西南角这一片多民族的土地，生生不息。

一首宜州山歌这样唱道：

三姐故乡彩云街，龙江绕城浪花开。

迎客山歌连天起，唱着山歌等你来。

龙江名字的由来还得从宜州说起。繁华的唐朝贞观年间，宜州改名龙水县，流经宜州的河段名叫龙水，河流两岸“两山壁立，乱石参差，水穿穴而出，湾环如龙”，因而河流被唤作龙江。

龙江是宜州境内最大的河流。支流中州河在怀远镇汇入龙江，到了宜州，下枧河也带着它的清澈汇入。下枧河的上游是古龙河，古龙河再往上就是祥贝河。就这样，这一条连着一条的河水，终年如一日地向龙江奔去，才有了今日龙江的浩荡和壮阔。靠着这条奔腾不息的大江，宜州这座依河而建的城池逐渐热闹繁华，宜州百姓朴实沧桑的脸上始终带着笑容。

“泣血”巨石　蒋志宏/摄

龙江南岸，有一块写着“泣血”二字的巨石。自下游的水电站建成以后，它就一直沉睡在冰凉的水底，枯水季节才会露出来。距离它不远处还有一块突兀的巨石，上面写着“祭台”二字，这两块石头在龙江边做伴已经六百多年了。这是一段来自明朝的故事。朱棣发动宫廷政变，抢走了他侄儿明建文帝朱允炆的皇位，史称“靖难之役”。自此，建文帝朱允炆一路南逃，当他逃至宜州时，遇到了曾经在宫中侍奉过自己的彭英。彭英当时在宜州担任庆远卫指挥使，热情款待了建文帝。君臣相见，对酒当歌，感慨万千。建文帝离开宜州继续向南时，为了报答彭英，将自己所骑的骏马赠予他，并饱含深情地吟诗一首：

蹴踢人间若许年，艰难险阻共周旋。

我今别尔东西去，何时相逢兜率天？

话音刚落，这骏马好像听得懂人话似的，突然仰天长啸，沙哑悲鸣，随后腾跃而起，冲向一块巨石，以头撞石，当场溅血，气绝身亡。建文帝被骏马之忠义深深震撼，立即剪下马尾，在那块巨石上用马血写下“泣血”二字，这就是泣血碑的来历。随后，建文帝又把另一块巨石当作祭台，用来祭奠这匹忠义之马。后人或许是为了纪念建文帝与彭英之情，亦或许是为了怀念那匹忠骨铮铮的马，不仅镌刻了“祭台”二字，还建成义马冢，对这两块巨石加以保护。数百年之后的今天，石碑上的字迹早已模糊不清，巨石已被淹没，但那滔滔江水应该未曾忘记那场悲壮的往事。

北门码头的乌龟石在宜州无人不知无人不晓，那是龙江上的一大奇观。一块巨石趴在河中的岩石之上，像极了一只巨龟。“神龟朝圣”指的就是这块石头。当雨季来临时，河水漫过岩石，乌龟好似浮在水面上，栩栩如生。《宜山县志》上记载着这样的童谣:“铁链锁孤舟，千年永不休。天下大乱，此地无忧。天下大旱，此地半收。”这个童谣还有另一个版本:“铁链锁孤舟，金龟水面游……”“金龟水面游”更多地指一种吉兆，象征着吉祥。在宜州这片物产丰富的土地上，人们远离了灾害和苦难，生活幸福美满。这石龟就像守护神一样，默默地匍匐在龙江之上，守护着这一方水土。一到夏季汛期，倾盆大雨就疯了似的打在水面上，湍急的水流从上游冲下来，河水带着泥沙和树枝，一刻不停地向前汹涌翻腾，好像迫不及待地要把龙江河填满。那时候的河就像翻了脸，失去了碧绿和平静，比以往要浑浊和凶猛。河畔那些高高低低的石林，则早已被淹没在汹涌的波涛之下。这时候，那只遨游在水面的神龟仿佛从天界降临，无所畏惧地面对这个世界。

河畔石林，也许是秋冬枯水季节里龙江河上最值得一看的景色了。坐船沿着龙江逆流而上，到达鸡叫山和鸡叫山庄时，河岸峥嵘的石林就会猝不及防地出现在你面前。

龙江是典型的喀斯特地貌，滩险礁多，奇石林立，造型独特。石林中分布着众多形态各异的象形石，无论高矮大小，皆成物像，有“神龟朝圣”，有“骆驼饮水”，还有“断桥相会”，栩栩如生。有人说，龙江水上石林的岩石造型极具观赏价值，可与云南路南石林媲美。石头千姿百态，高低不一，有些高耸尖锐，有些平缓圆融。石林中生长着芦苇、矮灌木等，它们有些长在水里，有些长在石缝里。长在石缝里的植物凭借着江河带来的水汽和仅有的土壤顽强地存活着。自然总是能给我们带来惊喜与感动。

清代乾隆时期庆远知府李文琰来到宜州后，深度考察了宜州的山川地貌并做了详细的文献记录，从科学的角度打破了人们之前有关龙江的种种谬误之说，著有《龙江考》一文传世。他在游历宜州各处名胜风光之后还总结出有名的“宜阳八景”，分别是会仙远眺、广化高瞻、鹤岭秋风、龙江夜月、丹霞夕照、青鸟朝云、墨池烟雨、莲沼晴岚，并为每个景点赋诗一首以表赞誉。

他的《龙江夜月》这样写道：

桃花烟雨唱蛮歌，两岸云生涨绿波。
一幅蒲帆江上疾，团圆寒玉贴银河。

李文琰在河边的冠英阁上凭栏凝望龙江，只见桃花烟雨中江上帆影片片，耳边有山歌响起，渔舟唱晚。到了夜晚，一轮圆月印在江面上，仿佛是一块寒玉贴在银河波面。龙江在李文琰的笔下犹如一个仙境。“宜阳八景”渐渐地被世人所接受和认可。纵然时光变迁，一代又一代的宜州人在这片土地上来来去去，“宜阳八景”一直静静地守候在它们的位置上，闪耀着它们独特的光辉。

迷人的龙江夜月　罗爱群 / 摄

下枧河情思

除了龙江，还有一条名叫下枧的河流淌在宜州这片郁郁葱葱的土地上。

下枧河，也称临江河，在罗城县内被称作天河，流经祥贝乡和刘三姐镇后汇入龙江。下枧河得天独厚的地理环境、宜人的气候条件和宜居的自然生态环境，造就了它的无限风光。如果说龙江是德高望重的母亲，那么下枧河就是一个眉清目秀的小女儿。“峰峦峥嵘奇特，江流碧绿如画”恰可以

下枧河风光　韦孟新 / 摄

形容她的秀丽。下枧河拥有许多自然美景，以“水秀、山奇、石美、洞幽”这四大特色著称。

下枧河的第一美，是站在岸边一眼望去就能看到的碧水波涛。从远处遥望，下枧河好似一条绿丝带，幽绿蜿蜒。走近俯身细看，则可以清晰看见水里的鱼虾。在下枧河撑着竹排泛舟游玩是一种绝佳的享受，沐浴在迎面而来的微风中，看阳光下的下枧河波光粼粼，运气好的话还能碰上水面上一跃而起的鱼儿。下枧河的河滩铺满了天然的金黄鹅卵石，河中间不时出现的平坦狭长沙洲，更是为游人提供了歇脚和玩耍之处。两岸的翠竹青山和河水互相映衬，映照出一片幽深的绿。这颜色绿得深邃，且带着宁静，可以抚平人们内心的不安和浮躁，让人感到惬意和怡然。当你真真切切地看到如此美景，就可以体会到下枧河“不是漓江，胜似漓江”的美誉并非谬赞。在夏日炎炎之时来到下枧河，你常能看到光着膀子的孩童一个接一个地跳进河中，像活蹦乱跳的鱼儿一样，不时能听到他们的欢声笑语。在下枧河畔长大的孩子往往水性很好，也很快乐、很洒脱。

下枧河另外的两个动人之处，就是石之美和山之奇。在下枧河的两岸奇山中，扁担崖算是最具传奇色彩的，这里留下了刘三姐的印记。《宜山县志》中记载，刘三姐酷爱唱山歌，哥哥刘二对刘三姐唱山歌而影响做农活一事心怀不满，于是他趁着刘三姐攀着藤蔓在石壁上砍柴的当儿，狠心将藤蔓砍

渔民在下枧河打鱼

断，致使刘三姐掉入水中，“哥追到来砍藤断，姐跌石崖随水漂”。刘三姐坠水之处就在如今的扁担崖。扁担崖因其石壁上有一截插在岩缝里的木头形似扁担而得名，有人认为这是古代栈道的遗迹。除了扁担崖，下枧河还耸立着光头山、三巢山、手巾岩等众多有故事的山峰、岩石。在一片静谧祥和中，山山水水都带着各自的故事，相依相伴，静默无声。

溶洞是下枧河的又一个诱人之处，不仅有幽深神秘的珍珠洞、荔枝洞，还有光怪陆离的鲤鱼洞、龙女岩。千姿百态的岩溶地貌奇观让来访的人们惊叹不已。这些惊心动魄的鬼斧神工之作，给下枧河增添了几分神秘和奇幻的色彩，常常吸引着勇敢的探险者。

罗城诗人何启谞 1964 年乘车经过下枧河时吟诗一首：

清脆溪声奇峭峰，江山到此不平庸。
钟灵唤出刘三姐，掀起歌潮震亚东。

“这里河满歌，这里歌成河。”下枧河还是一条飘满歌声的河流，是一条传承千年的“歌仙河”。历史悠久的下枧河孕育了歌仙刘三姐，其传奇的故事至今还在这条河上传唱。

三姐家住下枧村，下枧中枧紧相连，
居住山间石崖下，茅草盖棚来安身。
下枧河畔翠竹多，山风吹来响嗦嗦，我俩同唱风流歌。

相传，刘三姐的爱情之花也是在下枧河边绽放的。刘三姐和阿牛哥就如歌中所唱的那样，从小一起生长在下枧河边，歌着山水，唱着爱情。这条河上，小到花花草草，大到巨石怪崖，都带着刘三姐的气息和故事。站在下枧老桥上往下看，河边有一块江心石，在刘三姐歌谣中就有这样一句“我是江心大石头”。下枧桥边的悬崖上有一处摩崖石刻，刻石上记载着《庆远府志》中刘三姐的故事，由罗城已故著名书法家任杏生书写。

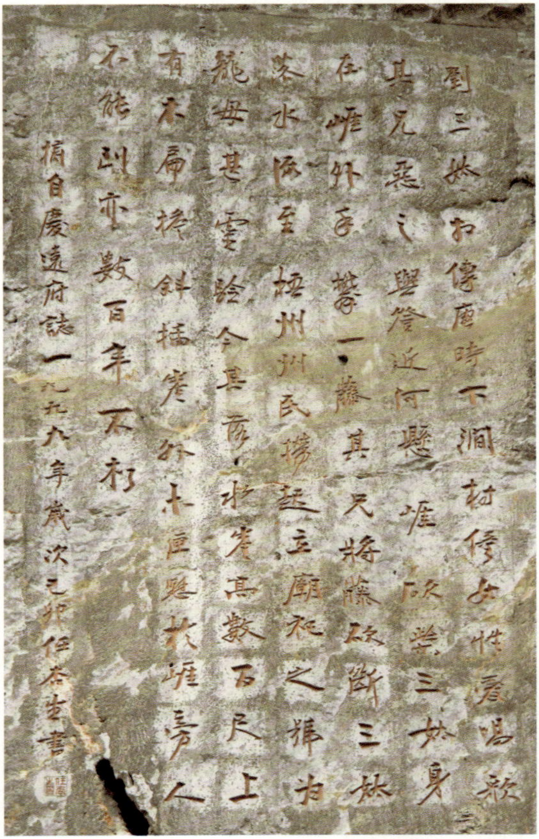

刘三姐的故事被刻于山崖之上　粟兵 / 摄

唱山歌是壮族一种独具特色的文化娱乐活动，古称“壮欢”。在田间地头劳作的人们为了抒发情感、自娱自乐，即兴唱出节奏自由、旋律优美的歌谣，有独唱、合唱，也有对唱。如今唱山歌已不局限在劳作时，而是成为一种系统化、形式化的传统文化形态。人们三五成群地聚在河边、山下、广场上，结伴对唱山歌。“壮族三月三”是广西的传统节日，每年三月初三时的下枧河流域，就像一片歌的海洋。人们聚在一起，摆上五色糯米饭、美酒和彩蛋，围成一个巨大的歌圩场。男女老少个个神情欢快，活泼的、害羞的，都放开嗓子唱起歌来，你唱我和，出口成歌。歌声一阵又一阵，此起彼伏，热闹非凡。唱山歌对于壮族百姓来说，是一种再舒坦不过的放松和享受。

下枧河虽然只是龙江一段短短的支流，但它是“刘三姐门前那条河”，因为电影《刘三姐》，也因为《大地飞歌》而享誉海内外。人们不仅沉浸在它优美如画的风景中，还被它丰富多彩的历史人文所深深吸引。

泛槎重来古龙河

古龙河位于下枧河的上游，全程水路约10千米，北起祥贝乡古龙圩，南至下枧龙洲岛。古龙河是临江河流域中最为精华的河段，河中有20余个激流险滩，两旁是连绵不断的青山翠竹，河岸上还有龙女岩、义马柱等奇岩怪石，一路上景观奇特且集中。

古龙河畔的山洞悬崖众多，神奇险峻，大多具有传奇色彩。河岸一山的山腰之上有个瑶池洞，乘竹排经过洞内的暗河，出了洞口北上，就能看到六妹岩。传说岩中原本住有7个仙女，1个仙女误中了妖计而丧生，只剩下6个仙女，故此岩便叫作六妹岩。再往北数米，就到了古猿洞，洞外白色岩壁间有一块突出的石头，酷似民间传说故事中会吃小孩的熊奶"牙变奶"。另一个说法称，仙女的丧生就是因为中了"牙变奶"的妖计。出了古猿洞，就能看到明镜山、一线天等风景。传说一线天是大山被天雷闪电劈成了两半。从下往上看，石缝中的蓝天白云别有情趣。河边的龙女岩也有一个美丽的传说，相传着白色纱衣的龙女曾在此出现。彩调剧《龙女与汉鹏》就是以龙女岩的传说为原型创作的。龙女岩有一汪清泉常年涌流，夏季冰凉刺骨，冬季却异常温暖，常常冒出雾气。古龙河旁是古龙圩，古龙圩后山有一洞，自然是叫古龙洞。洞口宽约7米，高5米。宽阔的洞内漆黑一片，唯有一通天洞透光进来，隐约可见钟乳石林立。

荡舟古龙河，你能看到在鹞鹰山一面临水的石壁上，有许多密密麻麻的朱砂画，画的是壮族先民骆越人在祭祀水神，召唤河中不幸遇难同胞的灵魂，以祈求保佑生者行船平安的场景。靠近细看，画上祭祀的人大多弯膝举臂作青蛙状，这是骆越人的标志性动作，这一动作在别处的岩画中也常能见到。画面之中手舞足蹈的小红人，形态各异的飞禽走兽，深沉的朱砂红，以及被风雨洗礼后留下的模糊不清的痕迹，散发着壮族文化的神秘气息，让人不禁感到庄严肃穆。这些古老的朱砂岩画，就这样在古龙河畔静静地沉淀、守候。

安静的古龙河是深邃神秘的，动起来的古龙河则是热闹非凡的。

打破这一片宁静的就是漂流了。古龙河竹排漂流不仅在宜州，甚至在整个广西都小有名气，是近年来宜州旅游部门推出的一条新旅游热线。古龙河漂流的起漂区码头上竖着一块黑色花岗岩碑，碑上刻有当地书法家张炳华先生所题的草书“天下第一古龙漂”。在古龙河漂流，你能在不同的河段欣赏到别样的风景。乘着竹排从起漂码头出发，一路上水面宽阔平静，两岸古朴的村落炊烟袅袅，偶尔能看到河边洗衣

石壁上的朱砂画　黄朝运 / 摄

的妇女和在水中上下扑腾的鸭群。一片祥和安宁的村庄，一派悠闲自在的田园生活，心里自有一番宁静和淡然。到了古龙漂流的中段，河面依旧平缓开阔，眼前却是与方才不一样的一番景象。两岸崇山峻岭逐渐增多，进入了峡谷地带，感觉有无数峰峦从四面八方袭来。乘着竹排往前继续漂流，就到了最令人激动的河段。这里水流湍急，滩口较窄，共有9个较为凶险的河滩，全程拐了20多个弯。古龙漂流不似别处，卵石滩虽险，河道却不深，倘若有游客不慎掉入水中，仅凭救生衣也能有惊无险，只会给漂流增添几分刺激和乐趣。

桂西北一带喀斯特地貌景观众多，山高水深，因而在广西，秀丽如桂林山水的风景并不少见。古龙山水虽没有桂林

古龙河险滩漂流　徐国环 / 摄

山水那般被大众所熟知，但其人间仙境般的风光绝不亚于桂林，古龙当地就一直盛传着“桂林山水甲天下，古龙山水秀桂林”的说法。古龙河上有一面石壁刻着“泛槎重来”四字，“槎”是木筏之意，古龙河动静有致的风光吸引着人们撑着木筏一次又一次地前来，难怪有人作诗云：

青山绿水一竹排，荡尽人间旧尘埃，
古龙美景观不尽，君子有幸泛槎来。

清潭碧影话古村

清潭在宜州区石别镇清潭村，因潭水清澈而闻名。常见的泉水是碧绿的，可这儿竟是一股幽蓝，蓝得有些让人难以置信，蓝得让人入了神、着了迷。那水清澈得连鱼虾都数得清，水底还沉淀着像宝石般五彩缤纷的石头，生长着浓密的随波舞动的水草。潭如其名，清潭之清，名副其实。清潭就像是一个天然的巨型空调，释放出的凉意能够缓解夏日的烦躁，让人浑身惬意、自在。

“清泉流水”“紫气龙清”这八个青色的大字，分别刻在清潭边的两块石头上。古人以紫气为贵，以为祥瑞之气。这里的人们将清潭视作祥瑞的征兆，认为是有龙居住在此，才使得这一汪泉水如此清澈。人们十分注重对清潭的保护，用一圈石栏将清潭围起来。

在清潭村的路边，有一块《清潭村乡规民约》碑刻。碑刻三面用雕龙的围栏保护起来，是宜州的重点文物保护单位。此碑刻于清嘉庆元年（1796年）九月，上面详细地记载着当时清潭村的村民公约，规定了九禁，公示了偷盗失德行为，警示人们要“守法奉公，敦礼义廉耻之风，改强暴嚣凌之习”。在碑前，还供奉有香烛，这里的人们将民约碑视作神灵一般来供奉，可见此碑在他们心中占有重要的地位。

每年的重阳节，是清潭村最热闹的时候。在这里，百姓把重阳节叫作敬老节。这一天会举行一系列“敬老孝亲”的主题活动，清潭村的大街小巷张灯结彩，村民们分享百家饭、祭拜灶王、对山歌，在街边摆上多种自制的工艺品，各种传统习俗活动在街头巷尾轮番举行。最热闹隆重的还属晚上举行的舞草龙表演，几乎整个石别镇的人都会携家带口出来看热闹，图个吉利，还吸引了各地媒体前来报道。烟花爆竹尽情地燃放，高举着草龙的舞龙人蹦跳着穿梭在爆竹中，从火中来，往烟中去。两旁看表演的，无论是大人还是小孩，在

人们在清潭戏水

一段表演结束后都会给予舞龙人热烈的掌声，脸上都是藏不住的激动和喜悦。一系列的节日活动，寄托着对老人的问候和祝福，也寄托着对孝道的传承弘扬。

清潭村不仅有这一汪清潭，还有深厚的孝文化底蕴，孝道家风是当地的灵魂，是另一汪无形的清潭。这也许才是清潭吸引着八方宾客的主要原因。

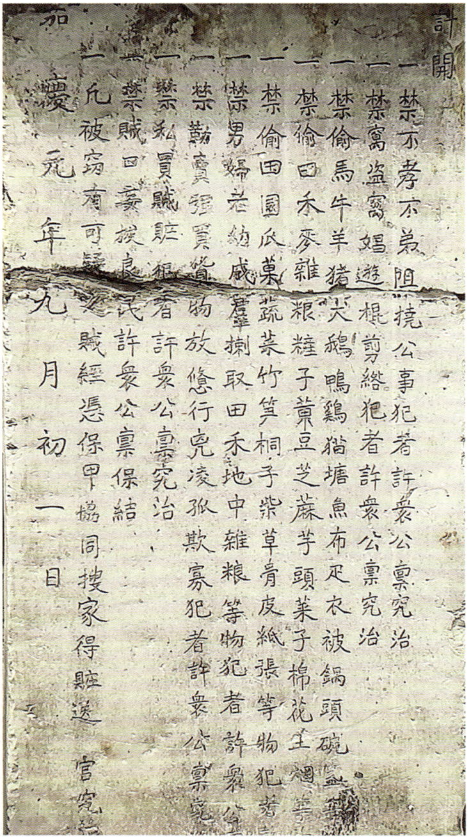

《清潭村乡规民约》碑刻

三 蕴藏历史的古迹

在宜州这座历史气息浓厚的古城里，散布着许多大大小小的历史古迹，或在田野荒郊，或在热闹市井。时光马不停蹄地向前奔走，它们始终安守在自己的位置上，静默无声。比如，身处城中的四牌楼，纵使身旁车水马龙，它也终年如一日地静守在那里，好像在那片土地上蔓延了无数的根。铁城、千户守御所等亦是如此。它们太安静了，以至于人们时常将它们视为平常，但它们绝不平凡，不仅拥有历经风雨而不倒的身躯，还有沉淀了千百年的历史。

西竺古刹展新颜

中国西南部的喀斯特地貌山区，有许许多多带着溶洞的峰峦；在这些峰峦之上，拥有着十八溶洞佛雕的西竺寺吸引了人们的目光。

西竺寺坐落在宜州城北的之良村后山上，原名三门岩寺，其山麓之西有三根石柱撑开了三个外观宏大形同门户的岩洞，

被群山环抱的西竺寺　韦孟新 / 摄

故取名三门岩。三门岩洞门有一块约两米高，一米多宽的巨石，上边镌刻着“磬石”两个大字，是明代崇祯年间的留题，题字者未留名。用木槌重重击之，便会发出如钟磬般的声响，真可谓一块“磬石”！古人的命名十分准确、贴切。洞厅顶壁刻有“灵岩”二字，昔时供有盘古大王的神位，今石雕香炉犹存。徐霞客游览至此时，在其游记中记述：“其岩中辟，高二丈余，深亦如之，而横拓四丈余，上下俱平整，而外列三石，界成四门，俱南向，惟中门最大，而左腋一门卑伏。言‘三门’者，举其大也。”西竺寺所在之山也叫婆岩山，因一位民间传说中的送子观音花婆而得名。

西竺寺的历史最早可追溯到一千多年前。寺庙的建筑规模之大在当时的宜州，甚至在整个广西都是较为少见的。后经历了多次战乱，殿宇皆遭到了不同程度的损毁。《徐霞客游记》中记述道："西竺寺在城西门外，殿甚宏壮，为粤西所仅见，然寥落亦甚。"清道光八年（1828年），庆远知府英秀纂修的《庆远府志》对西竺寺也有相关记载："明惠帝云游至庆远，寓西竺寺。""西竺寺，府城西门外，旧名西明。治平年间改今名。"民国以来，城内城隍庙及多处佛寺被拆，西竺寺也未能幸免。原西竺寺旧址在龙江南岸今河池市第一人民医院所在地，如今的西竺寺属新建。

1999年6月，来自湖南的释来光法师云游至宜州三门岩，发现此处风景秀丽、物象万千，便下定决心要在这儿修庙建寺，将其命名为"三门岩寺"，并且计划在三门岩十八溶洞内雕刻千尊佛像。后三门岩寺改名西竺寺。从2009年起，又依照三门岩的山形地貌扩大了西竺寺的规模，凿青石为佛像，在石上刻莲花，修建了新的山门、佛殿、佛亭，还在山上铺了草坪。

西竺寺中的青石佛雕是一大奇观，将汉传佛教和藏传佛教两种艺术风格融为一体，佛像造型多变，风格各异，体现了民族文化的融合。姿态万千的青石佛雕轮廓清晰饱满，惟妙惟肖，有较高的艺术价值。

西竺寺庞大的修建工程已经走过了二十余年，如今的西竺寺已初见规模，千尊佛像大放异彩，吸引着无数游人前来观赏。一座千年古寺重现于龙江之滨。

日落时分，站在远处的山顶上极目远眺，可以看见婆岩山顶上的西竺寺灵岩大殿矗立在云雾之中，被霞光笼罩。

西竺寺十八溶洞佛像　罗爱群 / 摄

铁城寻古

不熟知铁城的，只听其名，定会以为铁城是一座铁铸的城。就像昆明的铜亭，那真是铜铸的。其实不然，铁城是一座依山而建的城池，四面皆是悬崖绝壁，森然如钢铁丛林，固若金汤，因而得名。

位于宜州北郊3千米外的木棉村后的铁城，又称古城峒，是著名的宋朝遗址。铁城周长6千米，分内城和外城，由天然的山峰和人造的墙围成。石壁上刻有硕大的“铁城”两个篆字，乃南宋宜州守将云拱所题。内城东西两面山崖各有一

铁城全景　韦孟新/摄

块大小相当的碑刻，高约3米，宽约2米。这两块摩崖石刻规模之大，在广西碑刻中也是极为少见的。东面山崖刻的是《宜州铁城记》，西面山崖则是《宜州铁城颂》，皆为当时修筑铁城的珍贵记录。

一千多年来，这座依山而建的城池一直静静地守候在宜州龙江北岸，它见证了这片土地从金戈铁马、战火硝烟到风平浪静、与世无争，见证了宜州从古至今的风云变幻。那早已被岁月磨平的低洼土地，那隐约可见刀剑伤痕的残损旧址，还有那醒目的大字和镌刻的碑文，无时无刻不在提醒着人们关于铁城的那段烽火连天的往事……

南宋末年，蒙古大军对岌岌可危的宋朝发起一波又一波的攻势。1258年，蒙古帝国名将兀良合台率一路元军从云南向广西踏马飞驰而来，“经安南（今越南北部）边邑，取广西道，会兵攻宋”，来势汹汹。同时间，蒙哥汗亲征四川，塔察儿进攻湖北襄樊，南宋朝廷危机四伏。为了防止元军攻入广西，朝廷危急之下便命令“宝文胡公”负责广西的军事防御。“宝文胡公”何许人也？《宜州铁城记》中这样记载：“胡公名颖，字叔献，长沙人，文武伯也。”从唐贞观以来，宜州一直是桂西北的政治、经济、文化中心，后来逐渐发展成为西南地区的咽喉重镇。因此，胡公认为在战略地位十分重要的宜州建造稳固的军事防御城池，便足以抵抗敌军，于是派出武经大夫云拱率兵镇守宜州并着手修筑防御城池。云拱领命抵达宜州后，四处考察宜州地形地势，最终看中了以“郡城之东，龙江之北，四面石壁环绕，且襟山带河，有关中百二形胜”之势的古城峒，并决定在此修筑一座军事要塞，以保护南宋政权。随后朝廷立即拨款白银百万两，在此因山筑城。一座雄伟的城池依山而建，坚不可摧，这便是铁城了。

两面山崖上的两块石刻分别刻于铁城竣工的当年及次年，其中一块碑刻详细记载了铁城建造的过程，另一块则是人们对云拱筑城的歌颂。“其成也，不资屋宇之覆盖，不劳后人之葺理，其坚如铁之不可击而破，其高如天之不可阶而升，新旧之异，殆霄壤焉。”建成后的铁城内可容万灶，足够屯兵数万，外四面环山，可扼咽喉，亦可抵挡千军万马。碑文中处处流露出宋朝军民对铁城的赞美之情和自豪之感。本以为铁城能抵抗敌军，扬南宋之威，然而这座雄伟高大的城池并没有发挥出它的作用，当元军以疾风扫落叶之势攻进宜州时，宜州已是一座空城，铁城因此也变成了一出闹剧。千百年过去，辉煌一时的铁城早已湮没于历史的尘埃之中，外城山腰的平台上只剩下些许残砖破瓦，城内只剩下两块碑刻，山上尽是丛生的杂草，放眼望去，已是一片萧瑟之景，只有碑刻上华丽的辞藻还在提醒我们，那座曾让宋王朝感到无比骄傲的铁城屹立于此。

紧邻《宜州铁城记》碑刻处有一山洞，洞内石壁上刻有“紫霞洞府”四个大字，沧桑斑驳，年代久远。洞口下方约

刻在山崖上的《宜州铁城记》　韦孟新 / 摄

两米处的石壁上，拨开荒草青苔可见“七曲帝君行祠”数字。看落款，乃守将云拱所建，便知此处原有一祠，供奉的是七曲帝君。铁城建造时，这祠就跟着建起来了。古人建城时筑庙，是为了祈求神灵的保佑，以护城安民。洞内现存一块摩崖石刻，乃《七曲帝君内传》。碑文记载，《七曲帝君内传》又称《清河内传》，七曲帝君指梓潼帝君，名叫张亚子，居于四川七曲山，其死后人们在山上为其立庙，自晋代以后，尤为显灵。《清河内传》原是一道人所作，此处石刻则说是太守云拱门生的南宋人赵震寅所书，文中言说帝君降生于周初，叙述了帝君生平及其成仙的经过，还记载了“七十三化”和“九生八化”的说法。据说，七曲帝君成仙后，玉皇大帝委任他掌管文昌府，主管人间禄籍。自此，七曲帝君就与文昌帝君合二为一，主管文运，也就是文曲星。在封建时代，各地都建有文昌阁，可见这一尊神灵在中国人信仰体系中的重要位置。此处的《七曲帝君内传》，记录了文昌帝君的早期文化形态，弥足珍贵。

兰蕙飘香山谷祠

提到宜州，人们津津乐道的，除刘三姐之外，还有黄庭坚。

如同史上众多的诗人、文学家一样，黄庭坚的一生充满了坎坷，其在文学与书法上的造诣也是非比寻常的。黄庭坚是北宋时期著名的文学家、书法家，字鲁直，号山谷道人，著有《山谷集》、《山谷精华录》、《山谷词》、《乙酉家乘》(又名《宜州家乘》)等作品，书迹有《华严疏》《松风阁诗》《廉颇蔺相如传》等。黄庭坚为人秉直刚正，仕途却十分坎坷。他在编修《神宗实录》时，秉笔直书“用铁龙爪治河，有同儿戏”等事件，被章惇、蔡卞及其党羽认为是不实之事，是对神宗皇帝的诬蔑。黄庭坚被皇上召见问话时，皆有问必答，如实相告。但皇帝却听信谗言，将他贬作涪州（今重庆涪陵）别驾、黔州（今重庆彭水）安置。由于他之前与赵挺之有隙，赵挺之当上宰相之后，自然对他不利。后来黄庭坚书写《江陵府承天禅院塔记》时得罪了陈举，陈举便与赵挺之联合，向朝廷告发黄庭坚在《江陵府承天禅院塔记》中“幸灾谤国”。于是皇帝一声令下，将黄庭坚开除官籍，羁置宜州。自此，黄庭坚与宜州就像两股麻绳一样紧紧地缠绕在了一起。

北宋崇宁三年（1104年）夏天，黄庭坚经永州、全州、桂林，一路南下，到达宜州。在宜州，他最先住在城西黎家（今广西轴承厂内），几经辗转，后定居于府城南楼。人到暮年的黄庭坚并没有因仕途失意而消极颓废，反而豁达潇洒。黄庭坚常与朋友游历宜州的山水，下棋饮酒，读书待客，其乐融融。黄庭坚还以其宽广的胸怀和渊博的学识，将博大精深的中原文化传至宜州，启迪诸子。在黄庭坚的教化之下，宜州人文为之一振。之后的宜州，中进士人数随之大增，人才辈出。黄庭坚在宜州创作了多首广为流传的诗词。其中，到达宜州当年冬天所作的一首《虞美人·宜州见梅作》颇负盛名：

天涯也有江南信，梅破知春近。夜阑风细得香迟，不道晓来开遍向南枝。　玉台弄粉花应妒，飘到心眉住。平生个里愿杯深，去国十年老尽少年心。

梅花从含苞待放到开满枝头，是黄庭坚在这僻远之地对春天、对美好的怀念和向往，亦是他孤寂、抑郁心境的真实写照。一首首出自黄庭坚笔下的诗词记录了他在宜州的岁月，诗词传出后，宜州的名气大增，一时间受到世人的瞩目，成为岭南名城。

黄庭坚到达宜州后，有不少崇拜者慕名前来追随他，成都人范寥就是其中一位。范寥，字信中，听说黄庭坚羁管宜州后，不远千里来陪伴、照顾先生的日常起居。黄庭坚对范寥的行为十分感动。范寥在《乙酉家乘》的序中写道："尝谓余：'他日北归，当以此奉遗。'"黄庭坚想把此书作为报答，赠予这位对自己真诚以待的年轻人。

《乙酉家乘》是黄庭坚在宜州所写的一本日记，记录了他的每日见闻及与宜州士人的交往，字里行间流露出他在宜州居住时的悠闲、惬意，以及他对友谊的珍视。

宜州人民对这位落魄他乡的文豪十分敬重和喜爱，也十分关照。逢年过节，常常给他送去鸡鸭鱼肉、乡土特产等。宜州太守党明远也从不担心受牵连，常常带着一两朵含笑花去看望黄庭坚，两人逐渐成为挚友。党太守还嘱托黄庭坚为其撰写墓志，足见两人交情之深。宜州通判俞若著也对山谷先生的到来极其重视，派两个儿子拜于先生门下，日夜照顾先生。

在一个秋日的雨天，黄庭坚为解心中之郁闷，打开了宜州百姓送来的土酒。午后微醉的黄庭坚斜卧在住所南楼之上，看着窗外淅淅沥沥的雨，看得入了神，将一只脚从栅栏间伸出屋外，感受着雨水一点一滴敲打着自己的脚背，凉丝丝的感觉顿时遍布全身，他不禁大呼："信中，余平生无此快也！"此刻，他情感充沛且快乐。台湾作家李敖在复旦大学演讲时，曾盛赞此句体现了中国语言之精妙。北宋崇宁四年（1105年）秋，黄庭坚因病卒于宜州南楼，享年60岁。宜州随之黯然，

山谷祠　罗爱群/摄

全城上下皆为其哀悼。

山谷先生虽已仙去，但他在宜州所度过的人生最后的一年零五个月，是温暖且自由的。大文豪的光临，使得这一座荒僻的岭南小镇得到了文化熏陶，得以声名远扬，给宜州、给后世留下了无价的文化珍宝。

历代屡圮屡建的山谷祠，正体现了宜州人民对文化名人黄庭坚无尽的怀念和追思。先生病逝当年，宜州百姓就在南楼为其建起一座祠堂，祠堂较为简陋，没有祠名，只有张安国所书的“豫章先生”一匾悬于门上。在黄庭坚逝去数十年后，也就是南宋淳熙四年（1177年），宜州太守韩璧在宜州城外修建山谷祠以纪念先生。祠内供有一座山谷先生的木刻像，还另建有一座清风阁，阁内藏有先生的书法手迹。但此祠堂在建造几十年后便遭到损毁，如今已无法考证其遗址。南宋嘉定八年（1215年），宜州知州张自明与地方人士商议，买下黄庭坚生前所居住的黎家旧址，用来重建山谷祠，并在祠的后面建造亭阁，收藏黄庭坚的旧像和字迹刻石。祠堂周围还建有围墙、万红门、墨池、宝华亭等。张自明又在此建造龙溪书院，建成后立了三块碑：一块是张自明撰写的《龙溪书院记》，一块是张自明画的《龙溪书院图记》，一块记录了山谷祠的田亩数及每年收获粮食数。每年龙溪书院都会祭祀山谷先生，以表敬意，同时也勉励学生以先生为榜样，勤勉好学。张自明主持的山谷祠重建工作是历代以来规模较大的一次。遗憾的是，山谷祠历经了多次战乱后，如今祠内仅剩下山谷先生自画像一幅。1978年，广西轴承厂扩建时将这座存续了700多年的山谷祠拆除。

1985年秋，宜山县政府决定在白龙公园内重修一座祠堂，既是怀念山谷先生，又是延续史意。新修建的祠堂内正中间的墙上镌《黄山谷先生小像碑》，并刻有“似僧有发，似俗无尘；作梦中梦，见身外身”黄庭坚自作像赞，两旁刻有“看黄庭有味”“笑白发无闲”一联，左右镶嵌着黄庭坚于宜州所书的《范滂传》和《李白忆旧游诗》石刻。祠内还陈列着30多幅画作，反映山谷先生在宜州的生活，祠后还修了一座衣冠冢。这就是如今我们在北山脚下所看到的山谷祠了。虽然山谷先生仙逝已900多年，但不管祠堂搬迁到何处，山谷祠

黄庭坚自画像　罗爱群/摄

的香火从未断过，人们源源不断地来此祭拜。宜州人民始终忘不了山谷先生为宜州的文化事业所做出的贡献。

山谷先生在宜州所留下的文化印记也永远无法抹去，如今，在原龙溪书院的山谷祠旧址处，人们以黄庭坚的号“山谷”为名，建起了一座山谷高中，琅琅读书声在这一片山谷先生曾经居住过的土地上回响。数百年前先生在此奋笔挥毫，传播文化，数百年后无数学子在此延续先生之意，奋发读书。斯人已逝，学风犹在，这何尝不是一种文化的传承、文脉的延续，何尝不是对山谷先生的真挚、质朴的纪念。数百年来，黄庭坚的高尚人格和卓越才华就如同清幽的兰蕙一样，在宜州悠远飘香。

古波画马岩

宜州城往西20千米一带，山涧澄澈，峰峦叠嶂，神秘的古波画马岩就藏身在这山灵水秀之中。

古波画马岩位于古波屯后的云山山崖上，以牛腿岩和寨山岩这两处较为集中。在将近130平方米的石壁上，画有200余匹马，还有若干古代人物、器具、日月星象和文字。马匹形态各异，人物的动作和表情都十分丰富。在岩画之上，落款写着覃贤，还写有明朝嘉靖、万历及清朝道光、咸丰等年号。从时间记载及部分史料可看出，画马岩的故事主要发生在宋元明时期。

历史上的宜州，自汉元鼎六年（公元前111年）与西北的敦煌、华南的端州同置郡县始，历代以来都是朝廷在西南边陲设置的军事重镇。为了保卫一方和平，守住这个军事重镇，朝廷在宜州东西两个方向设置了宋铁城和明守御千户所两个军事城池，以防御外敌的入侵。宜州不仅是军事重镇，还曾经是贸易枢纽。古代因茶马互市而兴起的茶马古道，兴于唐宋，盛于明清。茶马古道有三条路从云南通往内陆，其中，有一条路经贵州罗甸进入宜州再至桂林，最后抵达京城，有名的“宜州买马”就发生在这条古道上。南宋学者周去非在《岭外代答》一书中对“宜州买马”有着详细的记载。

在边疆局势动荡的两宋时期，北方的领土相继被辽、金、蒙古等少数民族政权占领，从而阻断了宋朝从北方购买战马的道路。于是，朝廷便开辟了一条从广西到云南买马的路，其中一条就途经如今的宜州古波一带。古波地势险要，群山环绕，易于防守。且古波拥有良好的地理环境，三面环山一面临水，有天然的牧场和长年不断的水源，适宜在此驯养从大理国运送而来的马匹。这些马匹日后或贩卖，或留作战马使用。据专家推测，古波画马岩上所描绘的，就是官兵们习武练兵、牧马、驯马的真实场景。这些壁画由宋代少数民族政权自杞国的商人所绘。他们在古波做贩马的生意，出于原始的宗教信仰，为了祈求神灵保佑他们的马匹平安健康，以获得丰厚的利润，他们在崖壁上用朱砂作画。岩画上有许多马，还有许多人物形象，是自杞人的自画像。画马岩上的图案不全是自杞人所画，还有一部分是明代怀远驿铺的人效仿自杞人的画所作，同样也是为了祈求马匹健康。但这些画几乎分不出朝代和作者，如今我们已难以分清到底哪些是宋朝时所画，哪些是明朝时所画。

朱砂马不仅在古波屯的云山上有，在屯近屯的寨山上也有。万千马匹奔腾在这山间崖壁之上，仿佛踏起了阵阵尘埃，仿佛马蹄声就在耳畔。这些古老神秘的图画生动地向我们展

画马岩风光　韦孟新 / 摄

示了古人在古波驯马、练马的景象，让“宜州买马”这一历史事件为更多人所了解，同时也印证了宜州作为古代军事重镇和商业口岸的重要地位这一历史事实。

崖壁上的画均用当地朱砂所绘，有的马为涂绘，有的马为线描，有的清晰可见，有的已模糊不清，有的马正在吃着

画马岩局部

罗爱群 / 摄

牧草，有的正在玩耍嬉戏，有的正驮着官兵练武……细看这些距今已有数百年的画，总能感觉到一种古朴稚拙又真实的意味。壁画的作者用最原始的方式反映着当时的现实生活，记录着一段鲜活的历史。

古波作为历史上“宜州买马”交易场所的遗址，不仅留下了画马岩这一重要的历史凭证，还流传着不少与马有关的神话故事。据古波的一位老者所言，很久以前的古波，山清水秀，绿草如茵，生活着许多马。其中，有一匹神马在古波的云山上踏出了两个马蹄印，一深一浅。那个踏得很深的马蹄印里边，突然冒出了一股清泉，自此泉水源源不断地涌出，为古波带来了干净的水源。据说，如今这两个脚印还在云山之上。

古波后龙山南麓的摩崖石壁上，刻有“云山北卫”四字，为古波当地人鲍道弘所题。宜州城中有“一璩二鲍三汤四邵”的说法，璩、鲍、汤、邵都是当时宜州的名门望族，门族里出过不少读书人。当年徐霞客游雪花洞时，曾有鲍氏书生引路。今宜州城内仍有鲍家巷，但不见鲍氏人。如今古波中绝大多数人姓鲍，有人推测，鲍氏极有可能是在战乱时由宜州城内搬到了古波。

河池守御千户所

在宜州德胜镇一条几近荒弃的老街尽头，有一座蔓草丛生、寂寥荒芜的老城，这就是河池守御千户所的遗址。

河池守御千户所又名德胜古城，原来在东南西北四个方向都有城门，后来由于修建农田水利，南门、北门、西门被拆掉了，旧时的石板路和城砖路也都被水泥路面所覆盖，只剩下一座东门城楼，以及城楼外那一条幽深的德胜老街，还在原地散发着陈旧古老的气息。东门城楼高8米，长11米，城门高3米，以细凿料石为基，以青砖修砌成墙，是河池境

河池守御千户所　罗爱群 / 摄

内保存得最完好的古代城楼。

明洪武二十八年（1395年），朝廷在河池州设置了河池守御千户所，隶属于庆远卫。《大清一统志》记载，“旧在河池州城内，永乐六年（1408年）徙于此，门四，今废”，建此所的目的是“扼七十二峒之冲”。这跟庆远府频繁爆发的农民起义有关。庆远府管辖范围广阔，辖区有多个少数民族部落，有些少数民族首领争权夺利，不顾老百姓的利益安危，致使百姓苦不堪言，纷纷起义。为了镇压农民起义，维护封建统治，明朝廷在此设立了河池守御千户所。守御千户所是明代卫所制度中的一种特殊编制，千户其实就是一个掌兵千人的正五品官职，主要负责守卫城池。在那个战事频发的年代，这一重要地理位置坚固的军事要塞确实发挥了不可低估的作用。

徐霞客于崇祯十一年（1638年）二月到达庆远府，三月初离开宜州去往河池，在游览宜州一个月的时间里，曾到访过千户所，在其游记中记载道：“入河池所东门，所有砖墙，中开四门，而所署倾尽，居舍无几，则戊午岁凶，为寇所焚劫，荡为草莽也。”戊午年（明万历四十六年，1618年）广西遭遇大旱，烈日炎炎，寸草不生，这对靠天吃饭的农民百姓来说无疑是一场巨大的灾难。面对如此艰难的处境，迫于生计的农民只能揭竿而起，扛起锄头和刀枪，冲破千户所城门，使其门洞大开。从此，作为军事要塞的千户所失去了防御意

徐霞客曾到访河池守御千户所

义，就此荒废。

如今，城内保存着三块碑刻。城墙是当时人们用石灰、沙子、糯米、蜂蜜砌起来的，能屹立百年不倒，实在是令人拍案称奇。在城楼拱门内两旁还能看见两个巴掌大小的凹槽，这是人们当年用来固定城门木栓的印迹。

在城门洞墙下，坐着一位乘凉的八旬老人，我们与他闲聊了起来。老人十分亲切健谈，绘声绘色地向我们描述他所经历过的古城变迁。老人还向我们介绍了德胜书院、王家祠及武庙的位置。就在如今城门内的那一大片农作物尽情生长的土地上，曾经坐落着清代有名的书院——德胜书院，著名的经学家郑献甫曾在此教书授课。

郑献甫，号小谷，广西象州人，是清代著名的壮族诗人。

作为清代有名的岭南才子，郑献甫能屈身于此僻远之地，其实大多是受其父亲的影响。

郑献甫的父亲郑珊是一位乡村私塾先生，据《郑氏族谱》记载，“授徒于家，力务实学，心思妙绝，每讲经义，作为文章，多有独得之奇”。其长子郑献甫承其聪慧，“少颖悟，遵庭训，才思敏捷，天资颖异，博闻强记”。考中进士后的郑献甫曾担任刑部主事一职，后辞官归乡，先后在两广地区的德胜书院、庆江书院、象台书院、凤山书院、越华书院等处担任主讲，培养出无数精英人才，被人们誉为“两粤宗师”。郑献甫有诗《题德胜书院》：

孤城大如斗，小坡偃如埭。书堂起东麓，屏嶂森左界。我来甫及秋，日夕见万态。重门四扇开，文笔一峰对。橘柚如寒星，磊落绕屋挂。棕榈如长人，鬅鬙（péng sēng，头发散乱的样子）负墙拜。晓霞明屋角，朝爽落瓦背。

从他的诗中，可见当时德胜书院的布局和样貌。不好饮酒的郑献甫在他的另一首诗中还提到了德胜酒：“德胜城北山如矢，德胜城南水如醴。醴泉愈洌酒愈香，瓶瓿交驰三百里。”德胜北的山如剑一般锋利，直插云端，而德胜南的水就像清甜的德胜酒一样，泉香而酒洌。

《宜山县志》中有德胜书院及郑献甫的相关记载：“德胜书院，在河池所旧城东北隅。道光二十年（1840年），同知萧煊倡率绅士创建。头门二间，仪门三间，讲堂五间，先师飨堂三间，横舍三十余间。首聘象州郑献甫为山长，教士数十人。”德胜书院因为有了这位教育家的光临而闻名于桂西北。

虽未能清楚地了解到郑献甫与德胜书院更多的故事，也无法确定城内各种建筑、设施的确切位置，毕竟此地蔓草遍生，已经被湮没得太久太久。幸运的是，当地人还能讲述一些代代流传的关于千户所城内城外历史变迁的故事。

写满记忆的四牌楼

四牌楼坐落在宜州老城区城中东路，位于百年老校宜州一中之东侧。四牌楼高耸于十字路口处，东南西北各有一个拱门，内外相通，遂称作四牌楼。四牌楼始建于清朝乾隆二十五年（1760年），曾在乾隆、嘉庆年间经历两次修复，后由于多次战乱导致部分建筑遭到破坏，于1998年修复重建。在四牌楼的石墙中，嵌有重修纪事碑。

四牌楼夜色　罗爱群/摄

民国《宜山县志》载："四牌楼，旧名钟鼓楼，在明新城之间，乾隆二十五年，知县李瑛倡修。"经考证，墙门上有士兵戍楼，用于巡视外警，估计是明代庆远卫衙门的遗址，清朝时又撤卫改建为钟鼓楼。四牌楼靠近明代大臣周一清兴建的府学，是文人学子的聚会之处。有不少文人骚客在此吟诗作赋、把酒言歌，这些文人在此留下了不少诗词歌赋和翰墨真迹。因而四牌楼又称"会魁楼"，即会聚了杰出不凡的人才之意。

四牌楼有三层，一楼全用大型细凿条石砌成，四方形条石紧密结合，工艺精湛；二三楼均为木质结构的重檐楼阁。漆红色的圆柱，檐下鲜艳欲滴的丹漆，还有屋顶对称的双龙，四牌楼既有精巧细致之处，又呈现出磅礴、古朴、庄重之势。20世纪90年代修复后，四牌楼由木质楼阁改造成水泥建构，地基的石料仍完好无损，十分坚固。敷彩之后，古韵流逸。

四牌楼东门之上有块被杂草包围的题额，写着"东日流晖"。站在古城楼上眺望东方，可见蜿蜒连绵的龙江向着东方一路奔去。从东边升起的朝阳映在水面，江面上朝晖涌动，犹如一条向东游去的金龙在水中翻腾。此情此景，便称作"东日流晖"，象征着朝气蓬勃。四牌楼南门题额是"丹霞雪霁"。此处的"丹霞"并非丹霞地貌之丹霞，而是与宜州城南九龙山"丹霞遗蜕"之景，即与嘉定年间任宜州知州的张自明（号丹霞）有关。张丹霞来到宜州之后，立即着手修建山谷祠，建龙溪书院，在南山题诗宣教，为宜州的文化教育事业献出了一片赤诚之心。“雪霁”有天空放晴之意，代表了宜州人民的美好心愿。西门题额是“西月返照”，宜州之西的龙江上有一座月山，明代宜州进士李文凤著《月山丛谈》，其中的“月山”指的就是这座山。月朗星稀之时，月晖落在江面上，犹如一条奔走的银龙。明代《百粤风土记》中有载：“东有日山西有月，年年征战无休歇。赖得西水向东流，世代永无忧。”东日西月，日月同辉，相互照应，龙江承载着日月之辉，将吉祥和安康源源不断地送到宜州。北门题额是“青鸟回翔”。北门面对着龙江对岸的青鸟山，青鸟山上有宜阳八景中的“青鸟朝云”。青鸟山上树木苍翠，白云袅袅，青鸟回翔，乾隆时期上任的庆远知府李文琰曾盛赞此景，并留下一首七绝：

绛河远隔五千年，青鸟飞来自古传。

遥翰万条云影里，何人识得玉京仙。

四牌楼四面的题额文字透出的气象已经超出了此楼本身，涵盖的事物包括宜州大地上生机勃勃的自然万物。四牌楼伫立于此，祈愿宜州风调雨顺、百姓安乐。建此楼者必定有着博大的胸襟，心有百姓，胸怀天下。

无论古时还是今日，四牌楼下总是人声鼎沸。它孤身立于闹市之中，身上的字迹已逐渐模糊，墙缝间已经长出了杂草。车水马龙，人来人往，它的身旁依旧繁华喧嚣，它也早已与这片土地及当地百姓融为一体。

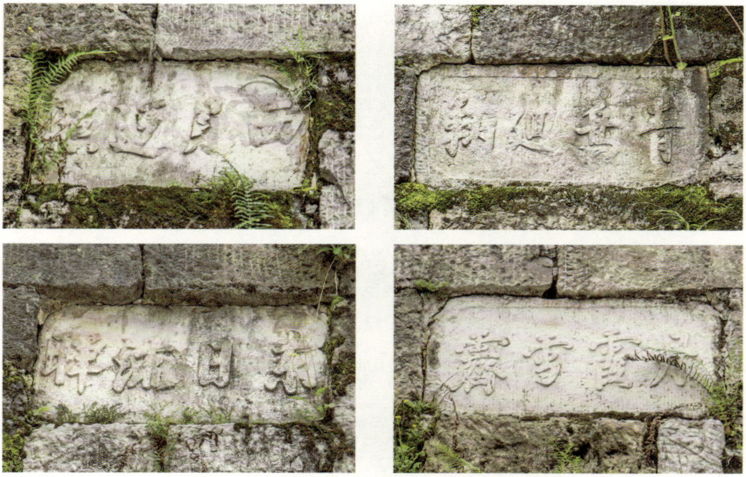

四牌楼题额　罗爱群 / 摄

文气相承冠英阁

在树木葱茏的河池学院校园，有一座古色古香的三层楼阁，那就是修复后的冠英阁。

清道光八年（1828年）所修的《庆远府志》记载，冠英阁为郡人高翀所建。但对于冠英阁的始建年代，却无处可考，我们只能在众多史料和县志中寻找冠英阁的身影。《宜山县志》中有一段关于冠英阁的记载："冠英阁在龙江北岸，光绪二十六年（1900年），邑人集资重建，杰阁二层，以为游宴之

伫立在龙江边的冠英阁　韦孟新 / 摄

地。”民间有言，冠英阁是旧时人们休闲娱乐的场所。有人在这山水之间谈古论今、赏景望月，亦有人于此载歌载舞、下棋玩牌。一时间，冠英阁人气极盛，热闹非凡。

中华人民共和国成立初期，冠英阁被拆除。也许宜州人民对它感情至深，此后又在其断壁残垣之上建起了一间平房。后来时间久了，冠英阁旧址之上的这座平房也被当作危房拆去。20世纪90年代，当时的河池师专（今河池学院）在旧的冠英阁旁几百米处建了一座冠英亭，亭匾“冠英亭”为时任广西书法家协会主席钟家佐先生所题。亭前有一联，内容是北宋文学家黄庭坚的诗句，上联是“万卷藏书宜子弟”，下联是“十年种木长风烟”，为河池学院李果河老师所书。2017年，河池学院在冠英阁遗址处，按照旧冠英阁的规模和格局重新建造了一座新的冠英阁。新建楼阁为三层，青砖黑瓦，红漆圆柱，木雕窗户，与老冠英阁一般宏伟气派、古朴庄重。河池学院对冠英阁及冠英亭的修建，既有恢复历史文化遗迹之意，又有培育冠世英才之旨，期盼着这所前临龙江后倚会仙山的高等学府培养出一批又一批的栋梁之材。

冠英阁旁竖有一碑，为河池学院学生所立，上面刻着“徐霞客登临处”六个大字。明崇祯十一年（1638年），明代地理学家徐霞客在游览宜州时，曾与雪花洞和尚一同登上冠英阁。徐霞客或许也曾凭栏眺望龙江之景，看见过江流浩渺、江岸巨石横突、对岸炊烟袅袅之景，也曾沉浸在苍天古树、鸟语蝉鸣的幽静之中久久难以回神。

如今的冠英阁，不再是休闲娱乐场所，已变成了文人学子们阅读诗书、静心养性之处。夏日的午后靠在树荫底下的石头上，让光影透过树叶的缝隙落入手捧的诗书中，倦了就以石为枕，听着树叶随风舞动发出窸窣的声响，伴着虫鸣鸟叫小憩片刻，“树荫满地日当午，梦觉流莺时一声”。来到冠英阁，你会觉得时光在悄无声息间放慢了脚步，顿觉浑身清凉舒爽，心如这环境一般宁静，愉悦之情浮上心头。

旧时的冠英阁一带是龙江公园，背靠北山，前临龙江，对面是北门码头，景色自是不一般。冠英阁近旁是宜阳八景中的“龙江夜月”。白天登上冠英阁，隐约能透过枝叶看到龙江中矗立的乌龟石。夜晚的冠英阁，又是一派不同于白天的景象。楼阁之下的石崖响起叮咚的流水声，从江边吹来习习凉风，凭栏眺望，水面泛起粼粼波纹，看得入神的时候，你可能误以为是天上的繁星落入了江中，月亮从云后探出头来，龙江在月光的照射下好像一条蜿蜒盘旋的银龙。登上冠英阁将这一幅心旷神怡之美景图尽收眼底，实乃人生一大乐事，惬意至极！清代庆江书院山长陈启焯对龙江月夜是这样描绘的：

冰轮照透碧玻璃，无数苗船隔岸移。
险浪三门飞似练，凉生五夜满如规。
渔灯明灭兼星碎，蛟窟深沉落涨迟。

惟有羁人眠不得，来朝盼到放关时。

灯光倒映在江中闪烁，渔船在夜晚载歌出行，月光笼罩之下的龙江如同仙境一般，在冠英阁能欣赏到最动人的江景。

三百多年来，冠英阁一直是宜州历史事件的见证之地，也是名人志士青睐之地。据邑人韦甘睦老先生回忆，民国年间宜阳名士林耿凡曾登临冠英阁，挥毫泼墨写下一幅气势不凡的对联，表达了其欲济天下苍生的志向：

龙卧几经年，破壁还须横海去。

鸿嗷方待泽，为霖犹许出山无？

20世纪30年代，浙江大学西迁至宜州时，数学史家钱宝琮也曾到访冠英阁，并留下《冠英阁下岩洞》一诗。诗中有两句这样写道："曩（nǎng）称观音阁，今则字冠英……尤怜澄碧庵，遗址邈难侦。"从诗中可看到"观音阁"和"澄碧庵"。据《徐霞客游记》所记载，古时龙江北岸上有观音阁，当时的冠英阁名"观音阁"，本是佛阁。在冠英阁前方的江边峭壁上原有一座澄碧庵，现已无迹可寻。由此可推断，冠英阁应是建造于明崇祯之前。在浙大西迁宜州的这一段时间里，由于浙大人的吟咏和文字记录，冠英阁也随之成为浙大师生西迁记忆中的一部分。

如今冠英阁原址处还留有一面墙、一座门。门是通往老冠英阁的古门，旧时沿码头可拾级而上。老墙斑驳脱落，这风雨沧桑的衰败景象与旁边新建的冠英阁形成鲜明对比。它

老冠英阁遗址　罗爱群 / 摄

是珍贵的历史印记，满满地承载着时代的变迁和宜州人的记忆。翠绿的枝叶爬满老墙头，新生命与旧事物紧紧地交织缠绕，一切都那么美好。

数百年来，冠英阁就一直扎根在此，虽然曾几番遭到破坏，只剩下断壁残垣，但它的灵魂还一直坚守在这片树荫下面。人们对冠英阁的感情也从古延续至今，不舍将它遗忘。旧的冠英阁随风去了，新的冠英阁承载着新的期冀又重新到来。

廖士宽古壮字碑

1987年，宜州安马乡古育村发现了一块古墓碑，吸引了众多人的目光。

这是一座沉睡已久的清朝古墓，立碑时间为道光十一年（1831年）四月十九日，墓葬主人为廖士宽。与其他墓碑不同的是，此块墓碑上有廖士宽生前自编自刻的方块壮字歌，共

廖士宽墓碑拓片

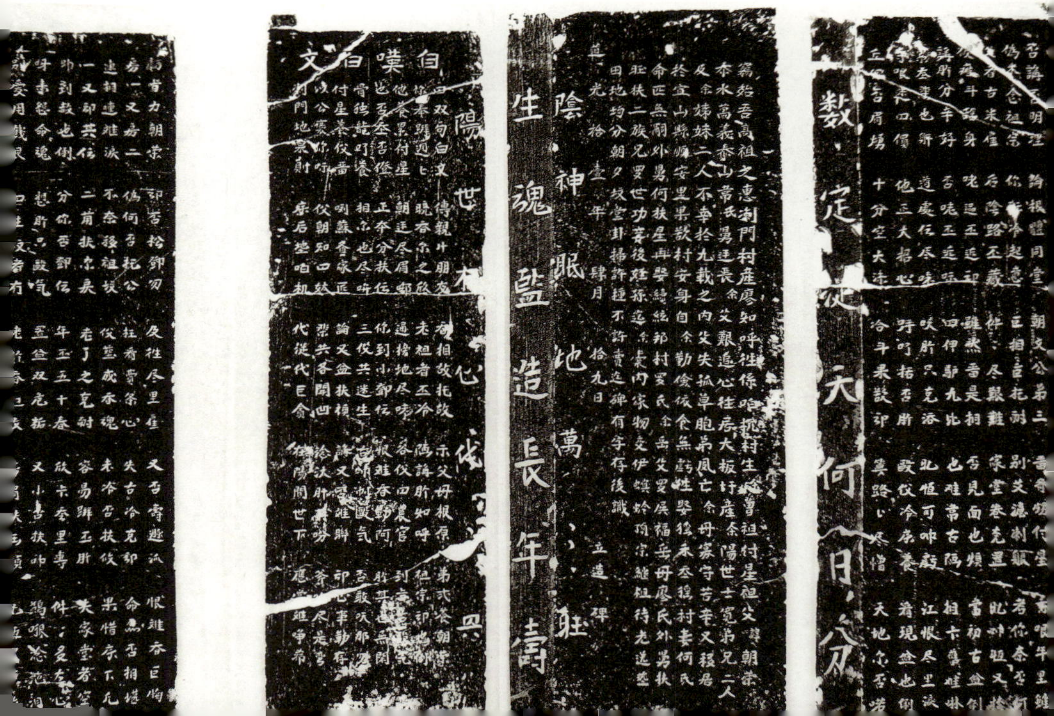

120行，600个字。方块壮字也称古壮字，是壮族一种特有的文字，产生于唐代，在宋代普遍运用，明清时期较为盛行。古壮字是由壮族一些受汉文化教育的文人（包括巫师），借助汉字或汉字的偏旁部首创造的。古壮字是壮族民间的书面文字，普遍被用来记录或书写壮族的神话、传说、歌谣等，著名的壮族创世史诗《布洛陀》、英雄史诗《莫一大王》都是用古壮字记录的。

在廖士宽墓碑上所刻的五言勒脚体壮歌，就是古壮字延用流传的历史证明。这是一首名为《哀叹身世之歌》的勒脚歌，在歌中，作者生动详尽地自述了其曲折的人生经历。根据墓碑上的介绍可知，廖士宽为家中的嫡长子，幼年丧父的他早早担负起照顾弟弟的责任，不幸的是其弟却英年早逝。后来，20岁的廖士宽与妻子来到当时还是一片荒山野岭的古育村开荒种地，创立家业，逐渐发家致富。衣食无忧的廖士宽又娶了两房妾室，本以为从此能过上幸福美满的生活，但遗憾的是膝下没有子嗣。于是廖士宽先后领养了两个养子，并都为其娶了妻子。谁知两个养子却忘恩负义，不愿意赡养廖士宽，带着妻儿一走了之。廖士宽晚年孤独寂寞，生怕死后无人将自己埋葬，便为自己修好了一座坟墓，并在墓碑上刻下碑文，向世人诉说自己的人生际遇。

这是一首刻在墓碑上的身世歌。可见，刘三姐歌谣文化已经渗透在壮族人民劳动生活的方方面面，记录着他们的疑惧惊悔、悲欢忧戚，伴随着他们的生死……他们唱一辈子壮族歌谣，最后还把歌谣刻在墓碑上。风霜雨露，星汉灿烂，茫茫旷野仍有风在吟唱他们的一生……

廖士宽所写的这首悲苦的勒脚歌，堪称五言十二行勒脚歌的范本，其创作难度极大。勒脚，在壮语中是复唱的意思。勒脚歌是指在一首歌里，某些歌句按一定的规律重复出现，连环相扣，形成回旋复沓的歌唱形式。勒脚歌是壮族的格律诗歌，其格律有三个基本要素：一是一定的字数、行数，二是要求押韵，三是讲究平仄。这三个要素缺一不可，否则不能唱，或是唱起来十分拗口，听众听着也不顺耳。而这首《哀叹身世之歌》具备了这三个要素，实为勒脚歌中的代表作。

勒脚歌是壮族民歌中较严格、高级、复杂的一种民歌形式，是壮族人民天才般的创造。廖士宽若不是一位杰出的壮族歌手，就难以写出这样感人至深的勒脚歌。如今廖士宽的这首勒脚歌，仍在百姓中广为流传和传唱。诗歌中有两句这样唱道：

年到三十无儿女，像山边竹蔸孤单。

杀鸡独自吃鸡腿，思前想后泪满面。

可见这诗情感真挚，比喻生动，再加上回环复沓、婉转凄切的唱法，让人听了不禁心生触动，真真切切地体会到廖士宽沉重悲痛的心情。

作为一个热爱歌唱的民族，壮族人民常常在柴米油盐的日常生活中唱起山歌。善良朴实的人们以歌声来赞美爱情，歌颂山水，诉说悲苦。山歌就是他们抒发情感，讲述自己经历最好的表达方式。在歌圩场上，也常能听到慷慨激昂的勒脚歌。下面就来看看一首名叫《送哥送到苦竹坪》的三节连体勒脚歌：

送哥送到苦竹坪，苦笋不离苦竹根，
我俩好比竹和笋，只愿同死又同生。
眼见青山百里路，为哥只当五里行，
送哥送到苦竹坪，苦竹不离苦竹根。
我俩穿过苦竹林，哥去坐牢妹愿跟，
我俩好比竹和笋，只愿同死又同生。

哥妹两人就好比竹和笋，愿意同生共死，到了第二节情绪进一步升华，虽有百里路，但只当五里路来行，表现了二人情感之深厚浓烈。在第三节中，情感和主题又得到深化，哥哥要去坐牢妹也愿跟去，将恋人那真切热烈、难舍难分的情感生动地体现出来。勒脚歌在形式上回旋复沓，在主题上不断递进、升华，加强了情感的宣泄和抒发，体现了与其他山歌的不同之处。

壮族自古偏居岭南荒僻之地，其创造的文明内涵丰富，又独具智慧和生命力。自唐代开始盛行的刘三姐山歌，历经千百年，到如今还在流传。山歌文化的延续，即是壮族优秀传统文化的延续。

浙江大学西迁纪念广场

浙江大学西迁纪念广场位于宜州老城区东部，广场北高南低，东西宽约80米，南北长约200米。它既是市民休闲、娱乐的场所，也是一个有重要历史文化价值的地方。这里曾是宜山县文庙的原址，也是浙江大学西迁宜山时设立临时教室的旧址。

20世纪三四十年代，国内局势动荡不安，出于保护学校、保护师生的需要，浙江大学于1938年8月从江西泰和迁往广西宜山。1500多名师生及教职工家属从我国东部向西部进行

浙江大学西迁纪念广场风景　韦孟新 / 摄

大转移，开启了一段西迁的艰苦旅程。

经过艰辛的跋涉，浙江大学庞大的队伍终于到达宜山。在宜山，浙江大学以工读学校（今宜州区幼儿园）为总办事处，以文庙和湖广会馆作为礼堂、教室，并在东门外的标营搭盖草屋，作为临时教室和学生宿舍，还将1905年设立的庆远府中学堂里空余的房舍租借来作为女生宿舍。初设工、农、文理3个学院，后又增设师范学院，并将文理学院分成独立的文学院和理学院。1938年11月19日，竺可桢校长主持召开校务会议，郑重决定把“求是”作为浙江大学校训，并讨论了校歌问题。

在宜山期间，浙江大学师生配合地方开展抗日宣传，发表抗日演讲，演出抗日戏剧，参加支援抗战的义卖、募捐等活动，为抗日战争做出自己的一份贡献。同时，学校还开办文化夜校，举办学术和时事讲座，协助地方扫盲。1939年冬天的时局是多变的，日军从钦州湾登陆，南宁沦陷，昆仑关战役爆发，宾阳告急，波及宜山。日军轰炸宜山，落在浙江大学校舍的炸弹就有100多枚。学生所写的关于学校西迁的诗文《西征行》中有这样的句子：“国破家亡人无定，时艰命舛学不安。”学校召开紧急会议，商议第四次的搬迁行动。1940年1月，浙江大学匆匆搬离宜山，去往贵州遵义。

浙江大学校歌原名《大不自多》，由国学大师马一浮撰写，歌词为：

广场校歌碑　韦孟新 / 摄

大不自多，海纳江河。惟学无际，际于天地。形上谓道兮，形下谓器。礼主别异兮，乐主和同。知其不二兮，尔听斯聪。国有成均，在浙之滨。昔言求是，实启尔求真。习坎示教，始见经纶。无曰已是，无曰遂真。靡革匪因，靡故匪新。何以新之？开物前民。嗟尔髦士，尚其有闻。念哉典学，思睿观通。有文有质，有农有工。兼总条贯，知至知终。成章乃达，若金之在熔。尚亨于野，无吝于宗。树我邦国，天下来同。

歌词大意为大海浩瀚而不自满，故能容纳千江万河，启迪大家要勇于求是、求真知，最后劝告师生们要胸襟宽广，不偏守门户之见、宗派之私，努力振兴祖国，与世界各国人民和谐相处。

歌词全文使用文言文，四言体，多用典故，词语深奥。歌词完成后，竺可桢校长认为歌词比较难记，担心不宜传唱，曾考虑改写。但他又觉得，马一浮所写词中的精神正切合学校的办学思想。经校务会讨论，决定待找人谱曲试唱后，再做决断。后来，竺可桢请音乐家应尚能为歌词谱曲，经一番商榷之后，大家都赞成将此词留下，于是《大不自多》正式成为浙江大学校歌。此后，一代又一代的师生传唱这首校歌，弦歌不辍，薪火相传。

马一浮，浙江绍兴人，是中国现代思想家、诗人和书法家。1938年4月，浙江大学师生西迁至江西泰和期间，他应竺可桢校长之邀，担任国学讲座教授，并随校西迁宜山。马一浮在泰和和宜山作“特约讲座”，讲稿后来分别辑为《泰和会语》和《宜山会语》。马一浮有首诗名为《忆宜山》：

宜州，山谷迁谪之地也。山郡荒陋，犹喜水石清峭。戊寅秋冬间避地，自桂林徙此四阅月，曾买南郊茅屋以居，有红豆一树，老干繁枝，垂丹实如珠，惜被人伐。今闻虏骑遂已及此矣，感而有作。

昔住宜州日，南村暂结茅。
秋氛今几载，胡虏已盈郊。
行蚁犹穿穴，昏鸦不护巢。
龙江余石骨，红豆忆林梢。

此诗系作者离开宜山数年之后，听闻日寇攻陷宜山时所作。马一浮跟随浙江大学在宜山只停留了不到半年，即应邀前往重庆主持复性书院。但他对宜山这片风光秀丽的土地，对这里的山河湖泉、一草一木都充满了感情。当他听闻宜山被攻陷的消息，心中不免唏嘘感叹。

在广场中央，树立着竺可桢校长的铜像。由29幅西迁主

竺可桢铜像　罗爱群 / 摄

题壁画构成的景观长廊环绕在广场的西侧。壁画主要展示了浙江大学西迁宜山的原景，介绍了随浙江大学西迁而来的著名教授。景观长廊通过这样简洁明了的方式将历史呈现在人们面前，使人们对浙江大学西迁的这一段历史有了更加深刻的了解。立于广场东侧的是浙江大学的校歌碑。在竺可桢校长所题的“求是”校训之后，校歌一句句迤逦竖排，每个字都遒劲有力，让人不禁肃然起敬。

漫步在广场上，走过记载着浙江大学西迁历史的景观长廊，摸着刻有浙江大学校歌的石刻，恍惚间，好像又听到从那个战火纷飞的年代传来的隆隆枪炮声和琅琅读书声。

四 汇集文化的名胜

一座底蕴深厚的城市，就像一本愈读愈有味的古书，内涵丰富且深刻，仿佛有黄金万两藏于其中。

宜州最闻名于世的名号，是壮族歌仙刘三姐的故乡。这里四处散发着刘三姐的气息，流传着刘三姐的故事，回荡着刘三姐的歌声。于宜州而言，刘三姐是文化之魂。除了刘三姐歌谣文化，宜州民间还有许多特色的文化传统。生活在山水间的人们，依赖自然，崇敬自然，他们对自然时刻保持着一颗敬畏之心，虔诚供奉。这种对自然的敬仰，祖祖辈辈流传下来，成就了这座五彩斑斓的文化之城。

太极湾

坐落在千年古城宜州之北的祥贝乡，有“世外仙境”之美誉。传言道，自古宜州最宜人。祥贝乡的太极湾就是这样一块宜人之地。

太极湾处于临江河风景区祥贝河段，原名易水湾。易水湾当初起名时，易字取自“周易”“易学”之意。“周易”“易学”“易经”，这些词语很容易让人联想到太极图。“易水”一词也容易让人想到另外的含义，那就是荆轲启程前去刺秦王的地方。唐代骆宾王《于易水送人》云：

此地别燕丹，壮士发冲冠。
昔时人已没，今日水犹寒。

太极湾形似天然太极图　韦孟新 / 摄

“易水”一词容易产生歧义，普通老百姓也难以理解，因此，易水湾有了更加浅显易懂的名字——太极湾。

进入太极湾景区的大门，登上祥贝乡海拔约600米的羊山，沿着阶梯拾级而上，越往高处走，石梯就越窄，也越来越陡。到达羊山第二观景台后，往下俯视，可见薄薄云雾后，一条幽绿的河水呈“S”形蜿蜒曲折，就像一条盘旋的巨龙，绕过两岸高耸的青山，绕过大片金黄的油菜花田，绕过炊烟袅袅的民居。

风光旖旎的太极湾，流水与两岸的风光自然而然地形成了一幅巨型的“太极图”。据人们测算，这个天然的“太极图”占地面积约100亩，没有任何人工痕迹，实属大自然给予人类宝贵的馈赠，堪称奇观。太极湾不仅拥有绝佳的风景，还蕴含了中国易经和道教的文化及智慧。曲与直、高与低、满与缺、天与地、人与自然，种种因素在这山水之间都得到了高度的融合，人类与自然呈现出一种和谐的状态。“太极图”是道家之象征，道家经典《上方大洞真元妙经图》言：“太极也者，天地之大本耶。天地分太极，万物分天地，人资天地真元一气之中，以生成长养。”在这刘三姐故里，天地间竟蕴含着如此深厚的道教文化，实乃天地之巧合，世间之罕见！

在祥贝乡太极湾旁的世外桃源景区，可以乘坐小船经过水波荡漾的暗河深潭，穿过一个又一个溶洞，遇到低矮的溶洞时，还得低下头才能顺利通过。穿过黑暗的溶洞，朝着光亮不停前进，终于到达峰峦重叠环绕的“桃花源”时，就好像进入了另一个世界。在这里，我们不仅能感受到陶渊明所写的“阡陌交通，鸡犬相闻”，还能体会到“问今是何世，乃不知有汉，无论魏晋”。若有机会能在傍河的村落里住上一宿，在群山环绕中，听着虫鸣入眠，伴着鸟啼苏醒，与秀美静谧的自然风光同在，那定是人生一大乐事。

宜州人毫不吝啬地歌颂着他们的美景：

花有清香树有荫，宜州风情久闻名。

客到宜州不想走，民族风情醉游人。

歌飘流河寨

在缓缓流淌的下枧河左岸，有一座流河寨，被称作歌仙刘三姐的故居。在流河寨，一切都围绕着刘三姐的传说来修建，刘三姐就是流河寨存在的意义。

众所周知，刘三姐是壮族民间传说中的著名人物，其以聪慧机灵、歌声动人的形象受到人们的喜爱，被壮族人民誉为“歌仙”。关于刘三姐的身世，说法颇多。有说法认为刘三姐是广西罗城人，据广西罗城县有关志书记载，刘三姐于618年出生在天河县（今罗城仫佬族自治县下里乡的蓝靛村），那里还有她故居的遗址，蓝靛村刘姓的族谱中还有相关记载。明清时期一直到民国，罗城县城凤凰山下的多吉寺的后殿正中供奉着歌仙刘三姐的神像，称为“三姐歌殿”。1958年，彩调剧《刘三姐》创作组经过深入民间采风，认定刘三姐是罗城人。在电影《刘三姐》中，刘三姐就是从罗城来到宜州的。1961年所拍的电影《刘三姐》，不仅让人们感受到壮族山歌的魅力，还认识了这一位聪明勇敢、歌如泉涌的歌仙刘三姐。2006年，广西壮族自治区宜州市申报的“刘三姐歌谣”，入选第一批国家级非物质文化遗产代表性项目名录，宜州市被认定为刘三姐故乡。从此，刘三姐歌谣在国家和世界文化舞台上大放异彩，宜州这一座城市也因被认定为三姐故乡而闻名于世。

因《宜山县志》中记载着刘三姐与下枧河的故事，下枧河边的流河寨被选定为电视剧《刘三姐》的拍摄基地。拍摄完成后，流河寨交由宜州市旅游局管理，旅游局在原来的基础上进行了新一轮的修葺，并开始正式对外开放。电视剧《刘三姐》的播出引起了轰动，源源不断的游客从四面八方涌入流河寨。流河寨也逐渐在政府的重视和宜州市民的全力支持下不断升级改造，成为“广西风情旅游示范点”，声名远扬。

流河寨位于下枧河左岸的刘三姐乡马安村下岩屯，占地十余亩，依山傍水，民风淳朴。乘船来到流河寨门口，你会看到穿着鲜艳民族服饰的阿妹一排排站在寨子门口。按照流河寨特定的规矩，游客得穿着秀才的服饰，手拿大喇叭，与岸上的阿妹对歌。只有对歌对赢了，才能上岸去。你唱我和，生动地再现了刘三姐与莫老爷的三个秀才斗歌的场面。

流河寨里，为电视剧拍摄搭建的刘三姐、阿牛哥等人的居所，都还完好无损地保留着，游客们皆可进入参观。

景区内还有刘三姐庙等祠堂庙宇，以及民俗演出场所。在演出场所常常会有对歌表演。对山歌、背新娘、听彩调、跳竹竿舞等一系列民俗风情表演都在流河寨的舞台上一一展示。寨内最特别的就是时常能听到从远处亦或从身边传来的犹如夜莺一般的歌声，清脆悦耳，婉转悠扬。

流河寨景区的建立和推广，让更多人了解了刘三姐的故事，并切身感受到山歌这一独具特色的壮族文化，对于刘三姐歌谣这一国家级非遗项目的传承具有积极的意义。

唱起山歌迎宾客　罗爱群 / 摄

锦绣壮古佬

花有清香树有荫，宜州风情久闻名。

客到宜州不想走，民族风情醉游人。

阵阵壮乡山歌从一片郁郁葱葱、有寨有田的土地上传来。这片土地上的建筑独具风情，土地上的人们独具魅力，连土地上的花花草草、虫鱼鸟兽都别具特色。崇山峻岭之间的这一片梦幻神奇的土地，就是宜州壮古佬风景区。

壮古佬风光　韦孟新／摄

位于宜州北部刘三姐乡马山塘屯的壮古佬风景区，地面植被茂密，背靠苍翠葱茏的马山，旁倚潺潺流淌、清澈透绿的下枧河。其地理位置恰恰符合了壮族人民喜欢依山傍水的选址要求。壮族等南方少数民族素来注重环境的选择，喜欢依山傍水或是背山面水，进可下河打鱼捞虾摸螺，退可上山打猎摘菌采果。在青山绿水、雾气缭绕之间升起袅袅炊烟，充满着生活的气息。

壮古佬风景区距离宜州城区5千米，若想沿着水路一路游览，就得花上1个小时左右。陆路虽比水路更快捷，但乘船前往是一趟极其享受的旅程。伴着浪花和阵阵凉风，这一路上奇绝秀丽的景色都可以尽收眼底。水路的旅程从龙江桥码头开始，若是在枯水季节，首先可以见到河中有一块醒目矗立的泣血碑，再往下就来到了河池学院码头旁的冠英阁，在那里能看见那苍翠挺拔的古树和古朴庄重的楼阁。二三十分钟后，朝左手边望去，就见到四面如铁、牢不可破的铁城了。继续往下行驶，就到龙江河与下枧河的交汇口，可见下枧河从北奔流向龙江。选择下枧河这一条水路，沿河溯流而上，先来到宜州的流河寨风景区，过流河寨再往上走，就到达目的地壮古佬了。

上了下枧河壮古佬码头，映入眼帘的是写在巨石砌成的墙上的“壮古佬”三个大字。若是行车到达壮古佬，则是到达另外一个门。那是一扇具有壮族特色的对称木门，门上挂着四个对称的红灯笼，门小而朴实，独具南方少数民族的韵味。走进里面，还能看到歌王楼、厚兰桥、会景亭、观景长廊等许多别具特色的壮族建筑。

壮古佬的第一大特色，是浓浓的山歌文化。山歌对于壮族人民来说是必不可少的精神食粮，是壮族人民长久以来维持着活力和激情的不可或缺的文化基因。

不唱山歌不新鲜，人不风流枉少年。

人不风流枉年老，枉费为人在世间。

在壮古佬景区，山歌台上时时能听到动听和嘹亮的歌声。穿着五彩斑斓壮族服饰的阿哥阿妹们成排站在两边对山歌，他们用桂柳方言唱起山歌来，你一首我一首，斗智斗勇，针尖对麦芒。他们把充满生活气息的各种比喻用得生动贴切、幽默风趣，让站在台下看好戏的观众笑得合不拢嘴。

到了歌王楼，则可以了解到山歌悠久而丰富的历史。歌王楼里除了有广西历年歌王的简介，还有广西山歌第一奇景——16块山歌碑刻。这些碑刻收录了宜州山歌的精品，有劳作山歌、礼仪山歌、情歌等，游客可以细细品味一番，也可以试着轻轻唱出来，沉浸在山歌这个生动又有趣的世界中，领略鸢飞鱼跃，万物花开。

壮古佬除了藏有珍贵的山歌碑刻，还有一块与景区命名密切相关的大石头，石头上镌刻着由著名书法家韦克义先生所题写的童谣和山歌：

叮叮当当打开门，
你是哪里来的人？
我是河边壮古佬。
你来做什么？
我来唱山歌。

——吴天日收集

壮古佬是老大哥，家傍宜州下枧河。
放牛砍柴歌不断，逗得鸟唱鱼欢跃。

——何述强作

自壮古佬景区命名以来，这个名字就颇有一些争议。有人认为壮古佬包含贬义，是对壮族人的不敬。其实，壮古佬这个名字不但没有歧视和偏见，还包含着对壮族德高望重者的尊敬之情，是壮族老大哥的意思，有些地方称为“格佬”。上面的童谣和山歌就向大家解释了壮古佬的本意。

壮古佬景区的第二大特色，就是极具壮族特色的民俗活动和表演。景区里有丰富多样的活动等着兴致勃勃的游客去参与，大家可以跟着阿哥阿姐们一起赶歌圩、考歌王，也可以学着舂糍粑、打篾球、打磨秋，还能伴随着山歌的节奏跳起扁担舞和竹竿舞。到了晚上，游客还能与壮家小伙、妹子们围着篝火一同快乐地跳舞，或者坐在码头边、会景亭上看看泛着点点星光的下枧河，让微风轻轻拂面，听虫儿此起彼伏的鸣叫，享受着大自然带来的安宁与美好。

在壮古佬景区，游客不仅能惬意地尽享自然风光，还能体验到丰富的壮族特色民俗文化。壮古佬如同一张色彩艳丽的壮锦，将它的斑斓和美丽铺展在你的面前。

北门码头今昔

流经宜州古城的龙江旧时还有一个名字叫北门河，这名字与庆远府的旧城门北门有关。

根据清道光八年（1828年）编修的《庆远府志》和民国七年（1918年）编修的《宜山县志》记载，庆远府旧城原有东、西、南、北四座城门，东门位于现今老中医院至大市场的小十字街，西门位于现今县前街西端与桥东巷南端巷口交会处，南门位于现今的和平路与城脚巷相交处，北门位于和平路北端的宜州实验小学附近。据说北门城楼始建于明代，高耸挺拔。谭为宜先生在其文章里写道，北门与大多数城门一样，由青石奠基、青砖砌成，“梯形的墙体，拱形的城门，四角飞檐的门楼”。北门城洞有10多米长，大青石铺就的地砖和墙面，城洞清凉怡人。对弈的老人，挑担的柴夫，摆小地摊的商贩……每逢夏季，这里就像一个小型的广场，百姓们都喜欢前来乘凉娱乐。

北门朝北，门前流淌着浩浩荡荡的龙江，因此龙江也顺理成章地被老百姓叫作北门河。北门临江，自然就有个北门码头，而码头正对面的河段，在古时被称为浪埠渡，是北门河渡口的中渡，另外还有上渡滑石渡、下渡彭埠渡两个渡口。从古代至近代，北门码头渡口一直是一片热闹繁荣的景象，浩浩荡荡的军船、商船载着兵马及各种各样的商品源源不断地从远方运来，在北门河中渡停留，经由北门码头运输上岸，穿过北门城楼，汇入熙熙攘攘的人流，再途经十字街，将货物送至宜州各处。

北门码头上的石阶已经被踏得光滑无比，有的甚至还有轻微的倾斜或凹陷。这让人不由得猜想，有多少肩扛着沉重货物的挑夫在此留下了脚印。古时的宜州作为桂西北的咽喉重镇，是政治、经济、文化、军事中心，也是交通运输的重要枢纽。那时的陆路交通尚不发达，没有桥梁连接南北两岸，

北门码头近照　罗爱群 / 摄

北门码头承载着繁忙的运输任务，对宜州，乃至对桂西北，都发挥了不可忽视的重要作用。由北门渡口码头的繁荣和地位推断，当年的许多历史人物，比如黄庭坚、岳和声、郑献甫都有可能是从北门码头上岸的。这些石阶不仅见证了无数搬运工人的血泪，还留下了很多历史名人的足迹。国民党青年军师长、抗战名将覃异之当年离开宜州时就是从北门码头登舟而去。那是一个深夜，他与宜州士绅们正在玩牌娱乐，中途借故起身外出，径往北门河登上早已备好的船。这个身经百战的国民党中将，就这样神不知鬼不觉地离开了自己的故乡。

登船齐渡北门河，半是民歌半壮歌。

偏是鹧鸪情更切，遥从隔岸唤哥哥。

这是清代道光年间贡生蓝景章所作的《龙江棹歌四首》中的一首，生动描绘了北门河边淳朴自然的景象。蓝景章是当时的宜山县永泰里（现德胜镇）人，曾任桂林府学训导，参与过《庆远府志》的编撰工作。

北门码头与北门河藏有无数人的回忆：不时从岸上和船上传来的歌声，一遍又一遍踏上码头的运货工人，河滩上嬉耍的少年，码头石墩上三五成群的洗衣妇女，从岸边高高的岩石上一跃而下的顽童们，以及阳光下溅起的水花和爽朗的笑声。

北门城楼早已在“文革”时期随着其他三座城门一起消

失，仅留下北门码头以及河边浮出水面的巨石。后人只能看着这些沉淀千年的遗迹，读出那段承载着繁华的记忆。码头前屹立在崖石上的是金龟石，对岸是冠英阁，更远更高处是苍翠的会仙山，站立在北门码头上，能够看到许多风景。虽然有些已永久消失，有些早已模糊不清，有些被河水淹没，有些换上了新时代的面貌，但它们永远留存在一代又一代宜州人的记忆之中，流淌在宜州人的精神血脉之中。

时光留痕里的怀远古镇

怀远古镇位于宜州西北部，已有上千年的悠久历史。自唐代到明清，朝廷在怀远设置了各级行政管理机构。一千多年来，怀远古镇一直以青砖、黑瓦、白墙的素雅简朴建筑风格展现着它的宁静淡雅，在民国时期名列广西四大古镇之一。流经怀远的江河，更是给这儿增添了一些灵气，也让怀远不断获得发展。从环江流过来的中洲河，也称小环江，在怀远

怀远古镇旧貌　罗爱群 / 摄

古镇与龙江相交汇，经过河流与泥沙的冲刷和堆积，在龙江西岸上形成了天然的三角地带，这个三角地带慢慢变大，发展成怀远古镇。

《宜山县志》云：“怀远当龙江、小河交汇，为粤、黔商贾都会，博徒游惰视之为渊丛……盖地据形胜，百货所聚也。”大约从清道光时起至20世纪40年代，怀远古镇向人们呈现了一幅繁荣之景。在这两条河上，来往于贵州、广西、广东的船只短暂地经停怀远，继而又马不停蹄地踏上了商路。怀远的商业贸易因此被拉动，沿江的兴隆街上商贾云集，河面停留的船只有上百艘，人来人往，热闹非凡。

怀远的老街是最能体现其古韵魅力的所在。老街自西向东，不同的地段有不同的名字，分为上和街、中和街及文昌街。老街翻新之前，走在街上，还能看到旧时各种铺子的招牌，“鸿兴衣帽”“绍昌号”“酒”“风炉”……这些牌匾字迹大多以墨色居多，少许是朱砂红，笔锋都苍劲有力，圆润饱满。这些招牌上的字迹有的早已被风霜抹去了痕迹，有的还依稀可见。遗留在牌匾上的，是从前商业繁荣的象征，也是新时代对旧时代的怀念。

在没有被翻新之前，未经粉饰的骑楼下存在的一切，就是怀远老街上最特别的风景。被太阳晒褪了色的青砖，掉在地上无人问津的黑瓦片，印着岁月流逝痕迹的白墙，还有那些从墙上砖缝中钻出来的散发潮湿气味的小树苗，就连将衣袖裤脚卷得高高的坐在门口竹椅上乘凉的老人们，也是古镇不可或缺的一道风景。骑楼下的一切都在缓慢平和地向前推进着，宁静安详地散发着它独特的韵味与魅力。

时过境迁，怀远老街依然存在，修葺后的老街成了景点，迎接着络绎不绝的往来游客。街头巷尾看上去干净整洁了许多，但那些结着时光蛛网的老商铺，那股只属于老街的味道，早已悄然隐退，连那些闲坐在家门口的老人们也鲜见了。只有街上的几间商铺还能看到老怀远的痕迹：打米浆的，卖辣椒酱的，还有卖油纸伞的……油纸伞像缤纷的花儿一样铺散在街边，给这条街增添了不少斑斓和灵动，使得路人的视线都不禁被这突然出现的色彩所吸引。

怀远的民风民俗和它的历史一样久远绵延。中秋时候的怀远是最热闹的。壮族在八月十五这一天，有祭月的风俗，所以壮族将中秋节称作祭月节。祭月即祭拜月神，通过祭祀仪式表达人民祈求月神降福于人间的一种美好心愿。历代皇家称月神为夜明之神，道教则称月神为太阴星君，民间则多认为月神指的是嫦娥。《礼记》记载："天子春朝日，秋夕月。朝日之朝，夕月之夕。"这里的"夕月之夕"，指的就是在中秋的夜晚祭祀月亮。

祭月仪式在我国不同的地方也有着不同的风俗。北京祭月有"男不拜月"之说，广东祭月时会祭拜一尊木雕的凤冠霞帔月亮神像，南方有些地区则有把芋头当作贡品的习俗。

在怀远，人们遵照“男不拜月，女不祭灶”的传统，由家中年长的女子穿上特定的服装担起祭月的责任，男子则担当赞礼、执事协助祭月。人们把祭桌设在空旷的地方，桌子右边竖起高约一尺的树枝或竹枝，象征着社树，亦作月神下凡时的梯子。再将行拜礼之用的草席或毯子铺在地上，香炉摆放在对着月亮的方向，把红烛点燃，酒瓶酒杯放在相应的位置，再端上人们自家手工制作的月饼，以及水果、谷物等作为祭品。等一切工作准备就绪，穿着特定服装的人们站在祭台前，待圆月在层层云雾后显露出来，祭月仪式就正式开始了。“祭月请神”是壮族祭月中最具特色的一种风俗文化。由一两名妇女作为月神的代言人，将月神请下凡，在祭台前烧香祭拜。随后便逐一进行对歌、卜卦、唱送神歌等环节。祭月过程中的一切言语只能用唱山歌的形式来表达，这尤其凸显了壮族祭月的独特之处。

怀远的月饼与其他地方的不同，“大”是怀远月饼的特色，用糯米做的大月饼一般都有十多斤。那么大的月饼如果没有装饰就显得单调。于是画艺精巧的人们就在脸盆大小的月饼上挥动着五彩的笔，画就精美多样的图案。画饼所用的颜料也与众不同，是从植物中提取出来的。在中秋之夜怀远家家户户都摆出祭台，用传统繁复的礼节来表达和寄托阖家团圆的愿望。

热闹的怀远老街　郑光慧 / 摄

八角楼下山歌起

八角楼位于宜州城中西路中山公园内，建于民国十六年（1927年），通高10米许，上下共两层，为四方形砖瓦木结构，白柱红栏，屋脊上刻有双龙戏珠的石雕，屋顶两角有鳌鱼石雕竖立，屋顶中部四边有小脊兽对立。目之所及只见四角，那八角楼之名从何而来？原来屋顶中部还有四角，加上屋顶的四角，便是八角。八角楼耸立于石岗之上，四周苍翠环绕，树木茂密。

八角楼是河池市唯一现存的民国时期的楼阁，此楼以其古朴典雅的清代建筑风格著称，拥有丰富的文化底蕴，1986年被列入第一批县级重点文物保护单位，是宜州著名的八大景点之一。八角楼作为一座极具历史价值的古建筑，一直被宜州父老珍视和保护。然而近年来，古色古香的八角楼却因常年遭受风吹雨打，又不断受到白蚁的侵蚀，部分建筑已经老化，出现不同程度的损坏。其受损一事很快被当地民众反映到政府，地方政府也随即重视起来，立刻开展对八角楼的修缮工作，请专家对这栋古建筑进行全面细致的维修，并对周围的环境采取白蚁防治措施。经过不懈的努力，如今，这

绿色掩映中的八角楼

座饱经风霜的古楼已然换上了一幅崭新的面貌。

中山公园这一片占地面积仅十余亩的土地上，有许多历史悠久的遗迹和故事。中山公园原名龙江公园，同时也是香山寺的遗址。

香山寺始建于宋朝，环境优雅，偏僻宁静，是一片书香之地。宋庆历年间名臣赵抃任宜州通判时，曾在此授课讲学，有众多学子集聚于此，聆听其讲授身心性命之学。赵抃重教兴学，极大地推动了宜州的文化教育事业。后人为了纪念他，在此地兴建清献书院（赵抃死后谥号曰“清献”），并在府门东侧建“赵公祠”以纪念他在宜州的政绩。赵抃在宜州做官时常常抱琴携鹤登临城南大号山，离任时在山顶将白鹤放飞，后人筑亭纪念，名“放鹤亭”。大号山也因此得名“鹤岭”，“鹤岭秋风”是宜阳八景之一。明万历四十年（1612年），庆远知府岳和声上任，在原清献书院的遗址上建造了香林书院，为地方培养了大批人才。

明代地理学家、旅行家徐霞客云游至宜州时，就居住在香山寺。香山寺是徐霞客旅居宜州时寄宿时间最长的地方，徐霞客还与香山寺和尚慧庵结为好友，同游九龙山。徐霞客在《粤西游日记二》中对香山寺这样描述：“寺前平地涌石环立，为门为峡，为峰为嶂，甚微而幻，若位置于英石盘中者。”香山寺周围有石头形成天然的山门、屏障，若处在幻境之中。而到了后来，战乱不休，这一座宏伟辉煌的千年古刹也毁于一旦。

八角楼前有一座小石林，石壁之上刻有“普陀山”“燃灯门”等文字，其记录的是“香山八景”。“香山八景”指的是香山寺附近的八处玲珑景观。《宜山县志》有载：

香山寺距城西里许。奇石林立，崔嵣万状。明末兵燹圮废。然其迹刻石壁上，有可考者，由曲池望大石巍峭，嵌空玲珑下敞，梵天门也。入门数武，有观音阁，西挺一石，势若峰峦，上镌“云峰”二字如斗大，相传为彭举将军笔。峰南朝天石，形伛偻，作朝天态，故名，亦彭将军题名，兼有诗刻。寺前双石对峙，高广数仞，为燃灯门。门右石屏嶙峋，洞窍穿透，曰普陀崖。崖前由菩提路纡折而上，登滴翠亭，下瞰平畴，野涧环绕，万山云气欲滴，信奇观也。

如今这些景观早已与香山寺随光阴逝去。民国十五年（1926年），地方政府在此辟建龙江公园时，在原“香山八景”的基础上规划设计，修建池塘，移花种草。1930年，当地政府先后在此修建中山纪念亭、中山先生持杖塑像和孙中山纪念塔。1946年将龙江公园更名为中山公园。中华人民共和国成立后，公园的部分土地有的被用来建造房屋，有的被开辟成幼儿园。“文化大革命”时，中山公园再次受到破坏。后政府于20世纪90年代后期恢复中山公园，收回部分原场地，并将公园面积扩大。如今的中山公园里，小桥流水，古树参天，这一片充满历史气息的土地又以崭新的面貌重新回到了大众的视野。

焕然一新的八角楼下，常常传出悠扬欢快的宜州山歌。也许人们都知道这是一块宝地，酷爱唱歌的人们常常自发地聚在这里，他们两两相对而立，你唱一首我接下一首，回环复唱，将生活中的智慧和对歌唱的热爱淋漓地表现在歌声中。这里不仅聚集着众多壮族民间歌手，还有许多喜爱听山歌、欣赏山歌的男女老幼。他们将歌手团团包围，有的蹲坐在一旁，有的叉腰站立，听得高兴了就捧腹大笑，听得紧张了就眉头紧锁。男女老少都被山歌这一传统的民间艺术深深吸引。除了人们自发的对歌，在八角楼下还经常举办歌会，能歌善斗的歌手纷纷来到这里，参与一场场热闹非凡的山歌赛事。

现在的八角楼下是宜州城内人气最旺的文化场所，而中山公园则透出宁静安详的气息，榕树底下多是闲坐乘凉的老人……他们各得其乐，有些人或许还不太了解几百年来这里所上演的故事，但这些古楼遗迹早已在时光的缝隙中悄悄融入了他们的生活中，浸润到他们的灵魂深处。日后，他们即使离开宜州，这些场景也会在追忆故土时常常浮现。

百子岩的花婆文化

在宜州城北的会仙山上，有一个历史悠久的漆黑洞穴，名叫百子岩。

因为独特的地理位置，且周围树木茂密，藤牵蔓绕，百子岩就这样隐身于会仙山西北麓的山腰上。拾级而上，沿着弯曲的石阶路就可以到达百子岩。百子岩的岩石呈螺旋状，岩石多呈红褐色，分为上下两层，上宽下窄。前往更高处的雪花洞得经过百子岩的洞口。徐霞客对此记载为“上复叠为

百子岩　罗爱群 / 摄

洞，若楼阁然”“洞虽不深崇，而辟为两重，自觉灵幻”。

百子岩洞口及洞中尚遗留有多处碑刻，记录着此处的历史。这些碑刻以平静沧桑的姿态表明，虽然经历了数百年风雨沧桑，但是薪火相传。百子岩曾是花婆庙的遗址，与花婆信仰有着密切的关系。百子岩之名中的“百子”也正是源于花婆文化。清朝乾隆十三年(1748年)岁次戊辰六月碑刻记载，百子岩处重建了一座万寿仙婆百花亭，这意味着在乾隆之前，就已经有类似的建筑存在于此了。清光绪二十四年（1898年）《重建婆庙碑记》记载，清咸丰年间，贼匪动乱导致庙宇被毁。光绪丙子（清光绪二年，即1876年），重新修建花婆庙一座，祈求多子多福。长久以来，花婆庙反反复复地被修复，正反映了壮族人民对花婆的崇拜和信仰。

到后来，在百子岩所建造的亭庙皆不同程度地遭到自然或人为的破坏，逐渐消失殆尽，只留下如今的百子岩和些许残存的碑刻。但宜州民间的壮族花婆文化，却枝繁叶茂，花团锦簇。

花婆是壮族民间传说中较为突出的一个人物，相传于农历二月二十九日从花中诞生，故得名“花婆”，后来专门主管赐花送子之事，掌管着人间的生育大权。据民间传说，花婆要是赐给怀孕妇女一朵白花，就会诞下儿子，要是赐给红花，就会生女儿。在壮族农村，各家各户的年轻人结婚或生孩子后，都要在卧室床头设立一个花婆的神位，还会用花和花枝扎成“花盘”。每年花婆的诞辰，人们举办祭祀仪式祭拜花婆，家里没孩子的希望早日求得孩子，有孩子的则祈求花婆保佑孩子平安健康地长大，逐渐演变成壮族传统节日花婆节，又称花王节。

壮族人民对花婆之尊崇，与其居住的环境和生活水平有关。壮族栖居处，大多地势险峻，峰峦重重，环境恶劣，交通闭塞，生活水平较低。因此他们对神秘的自然充满敬畏和崇拜，将精神世界寄托于自然的神灵之上，诚心供奉。在壮族人民生活的村边或山脚下，常常修建有花婆庙，立着花婆的神位，人们祈祷花婆能够让自家多子多孙多福气。

传说中，花婆还是孩子们的守护神。哪家有孩子生病了，家人就会禀告花神，祈求花神在天上为花儿除虫浇水，让孩子变得健康强壮。花婆有时还会被赋予月老的角色，传说花婆将一株白花和一株红花种在一起，人间便会增添一段好姻缘。

奉石为神的北方庙

北方庙就在离千户守御所不远的羊角山下，此处林木茂盛，清泉淙淙，空气清新，幽深静谧，使人流连忘返。

北方庙与其他寺庙不太一样。一般的寺庙主要供奉佛、菩萨或者神灵，而北方庙供奉的则是一块巨石。这块石头藏着北方庙古老神秘的历史。

古阳城之西，有一片土地，草木葱茏苍翠，古树参天，

北方庙　罗爱群 / 摄

幽静宜人。古树下有一潺潺流淌的清泉，泉水清冽，四季不枯。在民国版的《宜山县志》中称此泉为“滚水泉”，志云：“在德胜镇河池所城西门外里许。水由地中正出如鱼喷沫，盖诗所谓槛泉也。饮此水者性多急直。”

相传，明崇祯时期，大旱来临，此地万木凋零，寸草难生。这时，有一位身材魁梧的将士来到此处，他身骑白马，带剑披甲，面目慈善，说话带着一腔北方口音，身后还跟随着四个随从。他至此下马，四处眺望，拔草取道，欲察看这口泉水。刹那间，风起云涌，电闪雷鸣，大雨倾盆。被雨水浇灌的万物苏醒了，一切都恢复了生机，河流奔腾不息。待天晴之时，彩虹高挂，从那泉中竟发出一道红光，瑞霞辉映，祥云升腾，气象恢宏，宛如天坛。只见这位将士隐现坛上，腾云而起，直上九重。其坐骑白马西腾，附于西边羊角山巨峰之上，至今石壁上还隐约可见白马的形状。第二天，有祖孙二人一路行色匆匆，来此寻觅将士，逢人便说起他们的故事。原来，老人的儿子患上了恶疾，一直卧病在床，媳妇也被官吏抢占了，丢下祖孙两人，无依无靠。幸运的是，他们遇上了这位将士，二人将情况如实相告后，将士给了他们一粒丹药，说让儿子服下这粒丹药便可无忧。其子服用丹药后，大病渐愈，媳妇也因官吏病逝而得以回到家中。皆因这位将士相助，这个家才获得重生。祖孙二人不远千里追随将士而来，欲当面言谢，不料却听说将士已于前一日成仙的消息，二人不禁掩面而泣。自此，祖孙二人为了报恩，四处传唱将士之事迹。附近的乡民纷纷捐钱出力，就着这块巨石，在泉边盖了一座寺庙，把巨石当作将士的化身来供奉。从此以后，到此庙祈福的人越来越多。因这位将士来自北方，民间称其为“北方老爷”，此庙也就成了“北方庙”。庙宇西边的几块石碑清晰地记载了北方庙的来历及捐款者的名字。

巨石一半在庙里面，一半在庙外边。据说，这块巨石是天上落下的陨石，是北方老爷的替身。北方庙分有主殿和侧殿，主殿供奉的是北方老爷。右边侧殿供奉的是三界老爷，三界老爷是壮族的神医，广西多地供奉其神像，以求安康。左边侧殿供奉的是观音老母，就是人们常说的送子观音。

在北方庙旁的羊角山麓上，据说还有北宋名将杨文广的故垒。杨文广，字仲容，杨延昭之子，山西太原人，曾担任邕州、宜州知州。传说其曾在此安营扎寨，领兵打仗。清代郡人杨翠有诗云：

羊角山前起阵云，传言宋代此屯军。

而今一片桑麻地，故垒边场竟战文。

如今北方庙前的几棵古树枝繁叶茂，庙旁那汪泉水依旧潺潺流淌。

参考文献

[1] 徐弘祖 . 徐霞客游记 [M] . 褚绍唐，吴应寿，整理 . 上海 : 上海古籍出版社，1980.

[2] 广西壮族自治区宜州市地方志编纂委员会 . 宜州市志 [M] . 南宁 : 广西人民出版社，1998.

[3] 李海峰，邓庆，银建军 . 宜州历史人物 [M] . 南宁 : 广西人民出版社，1999.

[4] 李海峰,邓庆 . 刘三姐传世山歌 [M] . 南宁:广西民族出版社，2002.

[5] 覃炳岸 . 历史名人在河池 [M] . 南宁 : 广西人民出版社，2008.

[6] 覃炳岸 . 河池名胜古迹 [M] . 南宁 : 广西人民出版社，2009.

[7] 何述强 . 山梦为城 [M] . 桂林 : 广西师范大学出版社，2010.

[8] 陈文新，译注 . 日记四种 [M] . 武汉 : 崇文书局，2010.

[9] 韦丽忠，韦茂明 . 宜州历代石刻集 [M] . 桂林 : 漓江出版社，2017.

后　记

最初得知要写作这本书的时候，我的心情十分忐忑。原因有二：一是因为资历尚浅，经验不足；二是因为我已远离宜州十年有余，我虽生长在此，曾与这里的一草一木日夜为伴，但对于这片山水，我始终没有真正走进它。

在家人和朋友的鼓励下，我怀着不安的心情一笔一画写下了我对这片故土的理解与怀念。值得庆幸的是，我从宜州的山川湖泊写到楼阁亭台，从历史人文写到民俗风情，在不断翻阅资料、不断学习、不断动笔的过程中，我对宜州的风土人情有了更深层次的了解。此时，我才明明白白地知道，原来我曾经生活多年的宜州竟是一座巨大的宝库，埋藏着那么多神奇的自然风景和古老的人文宝藏。

为了更好地认识宜州，也为了呈现出优秀的作品，我决定找个时间回去与宜州见上一面。重回宜州，更多的是怀念与追忆，怀念这片山水，追忆曾在这片山水度过的童年。当我重新捧起宜州的水，拾起宜州的落叶，触摸宜州的碑刻，心中好像泛起了一层涟漪。这次，我不再停留于透过厚重的历史资料触碰宜州，我知道，我与宜州是逐渐融合了。这次田野调查无疑是成功的，亲身经历过的情感和描述更加真切、纯粹。

我在收集资料的过程中，得到了梁允常、罗继高、梁文志、莫生埌、曾愈、吴天日、罗爱群、杨叶成等宜州师友、前辈的热诚帮助。我始终忘不了，回宜州考察时，刚拔掉针管就与我们一同进行考察的梁允常老师，在此我想像儿时那样亲切地唤他一声“胡子伯”，因为他那长着一大把胡子的脸上总是挂着慈祥的笑容。在此，我诚挚地感谢他们。没有他们的相助，这本书恐怕难以写成面世。

最后我想与大家聊一聊写这本书的目的。目的有二：一是如书名所言，为了传承刘三姐歌谣文化，让刘三姐的歌声在这片山水间永远飘荡；二是希望通过描绘宜州的山水古迹、文化风俗，让更多的人认识宜州、了解宜州，不负这一片多彩秀丽的山水胜地。